人生は生い立ちが8割
見えない貧困は連鎖する

ヒオカ
Hioka

a pilot of wisdom

まえがき

「貧乏なら子どもを産むな」
「働いていない、税金を納めていない人が優遇される社会はおかしい」

貧困家庭で育った体験を寄稿するようになって、こういったコメントがついたり、メッセージが送られてきたりすることが少なくない。ネットにコメントをする人が社会のマジョリティかと言えばそうとも限らないが、少なくとも一定数の本音ではあるのだろう。体感するのは凄《すさ》まじい低所得者バッシングだ。

働かない、税金を納めない。なのに権利はある。
支援を受けて〝優遇〟されている。

そんな存在が許せない。

そんな人たちを養っているのは真面目に働いて税金をたくさん納めている自分たちだ。

こういった考えは思ったよりこの社会に根づいていて、それは決して極端な意見ではなく、もはや定説となっている部分があると感じる。

貧困に関する発信を始めて、その反応に驚くことが多々ある。

「こんな貧困が日本にあるなんて、人生で初めて知った」「貧困がどういうものか初めて知った」といった感想が多いのだ。

貧困家庭で育った体験を書いた拙著『死にそうだけど生きてます』（CCCメディアハウス、2022年）の感想でも、「ある程度報道などで知ってはいたが、ここまでとは思わなかった」という声をよくいただく。

少しでも貧困の実像が伝わったということに書き手としてのやりがいを感じると同時に、貧困は思ったより認知されておらず、報道で目にする機会はあっても、そこから見える景色や実際置かれている状況を細部まで知るのは難しいのが現状なのだと痛感し、複雑な気持ちになる。

正直、自分の体験した貧困は、まだまだマシなほうだという自覚がある。もちろん比べるものでもないのだが、実際もっと深刻な状況にある人を知っている。

病院に一切行けない、まともな食事が摂《と》れない、ホームレス状態にある、小中学生でも食費を稼ぐために犯罪に手を染める、大学はもちろん高校の進学も反対されるなど、あげればきりはないが、そういった壮絶な貧困は国内にも確かに存在する。そしてそれを極めて特殊な例だとも言い切れない現実がある。普通に生きていたら関わらない、接する機会がないために、そんな貧困は存在しないと多くの人が思っているのではないか。

地方から東京に来て、驚いたことがある。ホームレス状態にある人を、ターミナル駅の近くでよく見ることだ。東京に限らず都市部や一部地域では珍しくない光景かもしれないが、私の地元のど田舎ではまずない光景だった。たくさんの人が行き交う駅の構内や広場に、ダンボールや荷車に積んだ荷物があり、そこに座っている人がいる。また、歩道に正座をして首《こうべ》を垂れ、投げ銭を入れる箱を置いて硬く冷たい地面の上でじっとしている人も見かける。そしてその横を人々は気にする様子もなく通り過ぎていく。住む家がない。雨風をしのげず硬くて明るくうるさくて人通りが激しいところで眠らなければならない人がいる、その現実は衝撃的だった。

真冬に寒波が襲い、家の中で暖房をつけていても震えるような日に、支援団体の人が路上生活者の方々に毛布やカイロなどを配布していると聞いた。こんな気温の中、外で一晩を過ごさざるを得ないなんて、明らかに異常事態だ。でも、国や地方自治体ではなく、民間の有志が手弁当で駆け回っている。住む家すらない人たちがいる。多くの人がその光景に「慣れている」こともまた衝撃だった。

もちろん通り過ぎていく人の心の中はわからないし、自分だって何かすぐにできるわけではない。ただ、考えないようにしているのか、意図的に視界から排除しているのかわからないが、同じ社会に確かに存在する貧困への無関心が、このむごたらしい現状を温存しているように思えた。

私のライター活動の始まりは、地方の貧困家庭で育った体験を書いたことだった。もともと自分の貧困の体験について書くつもりは一切なかった。貧困に関する体験記の類いは世に溢《あふ》れていると思っていたし、自分の家庭が特別だとは思わなかった。しかし、知人の編集者に「あなたの体験を書きなよ」と言われた。メディアにいる人たちは生まれながらの強者が多く、取材して書く人はたくさんいても、当事者性を持って書ける人は少なく、そういう人が必要だ、というのだった。

そう言われてもすぐに自分の体験を書いたわけではなかったが、その後コロナ禍になり、社会の状況が一変し、私の意識も大きく変わった。コロナ禍で大きな煽《あお》りを受けたのは、非正規雇用の人々だった。仕事がいきなりなくなっても何の補償もなく、路頭に迷う人々に向けられたのは、「なんで貯金して有事に備えておかなかったんだ」「そういう不安定な仕事を選んだのは自分だろう」といった声だった。そのとき、本当に経済的弱者の実情は見えていないのだ、と思い知らされた。

さらに、給付金の金額や対象が検討され、一時は「住民税非課税世帯」に30万円という案が検討された。このときに起きたのが、猛烈な「非課税世帯バッシング」だった。もちろんコロナで打撃を受けているのは非課税世帯に限らないし、あまりに対象が狭く、反発が起きるのは自然なことで、批判が起きるのは当然だと思う。しかし、怒りの矛先は制度を決める政府ではなく非課税世帯だった。「納税していないのに」「まともに働いていないくせに」そんな声が吹き荒れた。さまざまな理由で、低収入にならざるを得ない人の事情は、多くの人の目には映っていないのだと思った。その出来事に強く背中を押され、自分の体験を書くに至った。

コロナ禍でもそうだったように、階層の移動は不可抗力によっても起きる。誰だっていつどうなるかわからず、病気や障害などで働けなくなることだってあるだろう。いつも弱い立場の人に怒りの矛先が向かうが、低所得者バッシングで得をするのはいったい誰なのだろう。少なくとも市民同士の憎悪が煽られたところで、中間層の生きづらさは変わらないのではないか。

本書の目的は、不可視化されている見えない貧困の実情を詳《つまび》らかにすること。さらに、自らの努力の結果であり、ある程度選択可能だと思われている経済状況や社会的地位が、いかに自らの選べる範疇《はんちゅう》を超えたところで決まるのかを可視化することだ。貧困の実情を知るには、体験ベースの話以外に、データを用いて客観的な事実を見ていく必要がある。

そこで、今回は、統計を専門に扱う東京大学大学院経済学研究科の山口慎太郎教授との対談を第二部で行った。

山口教授は、経済学の中でも、労働経済学、家族の経済学、教育経済学を専攻されており、日々膨大なデータに触れる経済学者の立場から発せられる貧困の実情についての指摘は、ライターである私とは違う説得力がある。

貧困とは何か、貧困は努力によって克服できるのか、という問いを掘り下げ、みなさまと共に考える機会にできればと思う。

目次

第二部　ヒオカ×山口慎太郎
学問の最先端から見えてくる、現実を変える方法—— 127

第一部　見えない貧困は連鎖する

「健康的で文化的な最低限度の生活」

憲法第25条では「すべて国民は、健康で文化的な最低限度の生活を営む権利を有する」と定められている。最低限度の生活でもなく、健康な最低限度の生活でもなく、「健康で文化的な最低限度の生活」とは何なのかを考えることがある。

2013～15年に、国が生活保護費を減額したことは生存権を保障した憲法に違反するとして、全国で減額処分の取り消しを求めた裁判が行われた。判決がニュースになるたび、ネットでは原告側に対し猛バッシングが起きた。そのバッシングは、そもそも生活保護受給者に対するスティグマに由来するもので、「働いていない、納税していないのに税金で暮らせるなんておかしい」というものが多かった。そしてもう一つが、「普通に働いている人よりもらえるなんておかしい」、だから「減額は妥当だ」というものだ。

これに関しては、実際は生活保護受給者数全体の0・4％未満で推移している（金額ベース）不正受給が横行しているかのような印象操作や、生活保護受給額に関するデマなどが何度も拡散されたことの影響も大きいだろう。フルタイムで働いて生活保護以下の生活の人がいるのは事実だが、それほどの低賃金であること自体がおかしいのであって、生活保護を叩《たた》くのではなく、賃金が上がらない構造、低賃金で働かされている現状こそ非難されるべきだろう。

一方で、この出来事を通して、「健康で文化的な最低限度の生活」が〝すべて〟の人に保障されているという事実が、あまりにも蔑《ないがし》ろにされていると感じた。生活保護費はもともと暮らしていけるかどうかのギリギリのラインだ。生活保護費の金額は自治体によって異なるが、地方では単身者で月10万円といった水準だ。これでは生活はなんとか送れたとしても、文化的な生活はまず無理だろう。さらにイレギュラーな出費が発生すれば即破綻するような生活にならざるを得ない。それをさらに国が減額する。人権を無視しているとしか言いようがない。しかし、それに抗議する人々は猛バッシングに遭う。働かない(働けない)人は、最低限の生活を送る権利さえない、と思っている人が多いということではないだろうか。

「働かざる者食うべからず」ということわざは本来、怠けて働かないことを戒めるもので、働けない人はその対象ではない。しかし、働けない人に対しても拡大解釈をする人がいる。

義務を果たさずして、権利は与えられない、人権とは条件付きに「認められる」「与えられる」ものという認識が根強い。しかし、「すべて国民は」の「すべて」は文字通りすべてであり、就労の有無などで線引きされていいものではない。また当然、最低限という水準も、時代によって変わる。携帯電話が贅沢品《ぜいたくひん》だった昭和の価値観のまま「スマホを持っているなら貧困ではない」と非難する人がいるように、過去の尺度で最低限度を決めても意味がない。社会が変化し、生きていくために必要なものも変化した現代に合った最低限にアップデートしていく必要があるだろう。

貧困は精神的余裕を奪う

私は長らく、極貧状態で生きてきた。振り返ってみると、端的に言うと生きる希望が持てなかった。消えたい、死んでしまいたい、そういった思いが〝デフォルト〟になる。経済的な困窮は、精神的な余裕や生きる力、希望をも搾り取ってしまう。人生の苦痛や不安というのは、経済的な不安から来る部分が大きい。預金残高がわずかになり、住居さえ失うかもしれないという状況になったとき、目の前が真っ暗になり、精神的に追い詰められ、前向きな思考は一切できなくなる。そして判断力も鈍くなっていく。

大学進学後から25歳まで、格安シェアハウスを転々として生活したが、住居環境は劣悪だった。エアコンがなく灼熱《しゃくねつ》地獄になったり、雨漏りして浸水したり、トコジラミが発生して保健所が駆除に来たり。また住人とのトラブルが絶えなかった。最後は下の階の住人の奇行に悩まされ、いよいよ身の危険を感じて避難した。

数年前、ようやく一人暮らしを始め、やっと、誰かに脅かされない落ち着ける空間ができて、精神的に以前より安定するようになった。それと同時に、自分が好きなものに投資するゆとりが生まれた。そこで初めて、生きている実感のようなものが芽生えるようになった。それまでは、その日をやり過ごすことに必死という状態が長かった。貧困であるということが、生きるのがしんどい、生きていたくない、という状態につながってしまう。貧困は心のゆとりを削り取ってしまう。劣悪な住環境は、身体的な健康はもちろん、健全な精神をも奪う。そして私の経験上、貧困は孤立とも隣り合わせである。

人間は、衣食住だけで生きていくものではない。生命に関わるほどの飢えさえ避けられ、雨風をしのげる居場所があればそれでいいのかというと、そんなことはないのだ。身体《からだ》を置ける板があれば、寝ることはできる。しかし、柔らかい布団があり、枕があってこそ、ゆっくり眠れる。ご飯と納豆さえあれば飢えはしのげるが、誕生日やクリスマスにはケーキを食べ、プレゼントを贈り合う。友達と外食をする。そういったささやかな生活の余剰こそが、人間らしい生活には欠かせない。

貧困に関わる報道があるたび、取材対象がスマホを持っているとか、髪を染めているとか、そういった些細《ささい》なことで猛バッシングが起きることがある。あれを削れ、これを削れ。そうやって削りに削った先に、果たして「人間らしい」生活はあるのだろうか。もちろん明らかな浪費は改善すべきときもあるだろうが、「貧困」と認めるハードルがあまりに高く、最低限の生活が指す水準がそもそもあまりに低すぎると感じる。文化的なものを贅沢と切り捨てることは、人間から尊厳や生きる意味を奪うことなのだと私は思う。「健康で文化的な最低限度の生活」とは何か。今一度問い直したい。

「ズルい」「贅沢だ」で切り捨てられるもの

貧困支援に関する報道への反応を見ていると、直接自分に不利益がなくても、支援されるのは贅沢だ、ズルいというニュアンスの反発がある。

　ここ最近、子どもの「体験格差」をメディアが取り上げ、問題提起される機会も増えた。教育格差の解消に取り組む公益社団法人チャンス・フォー・チルドレンの調査では、世帯年収300万円未満の家庭の子どもの約3人に1人が、1年を通じて「学校外の体験活動を何もしていない」という。直近1年で学校外の体験がない子どもの割合は世帯年収300〜599万円だと20・2％、600万円以上だと11・3％と、家庭の所得が子どもの体験の差に如実に表れている。[*1]

　慶應義塾大学総合政策学部教授の中室牧子氏は、

「最近では、親の所得や学歴が子どもの教育の質に影響を及ぼす〝教育格差〟の認知度が上がっていますが、親が子どもに割く『時間』に格差が生じている事実は、あまり知られていません。体験格差は、親が子どものさまざまな体験のために割ける時間の格差ともいえます」

「体験に関するものは、母親が子どもの『勉強』に投資する時間（本の読み聞かせや宿題の手伝いなど）と、『体験』に投資する時間（お絵かきや屋外での運動など）の2つに分けて、かけた時間を計測しています。多くの国で調査が行われており、それらの結果によると、所得や学歴が高い親は『勉強』と『体験』に、多くの時間を割いていることがわかりました」[*2]と述べている。

しかし、貧困によって塾や習い事、部活動さえできない子どもがいる現状を伝えると、よく「贅沢だ」という主旨のコメントがつく。家庭の所得によって、塾や部活、習い事ができない、修学旅行に行けない、といった格差について、「かわいそうだとは思うが、支援を受けるのはおかしい」「お金がないのに○○したいは贅沢だ」という声が多かった。学歴のように将来の所得に直結するというわかりやすい数字の根拠がなく、体験の乏しさが与える影響が目に見える形で明らかになっていないからこそ、将来の所得に直結しない（ように見える）体験を求めるのは、ただの「贅沢」という扱いになってしまうのだと思う。

以前、とある生徒の部活に関する記事で、野球部の道具代や遠征代が高く、続けさせるのが厳しいという親の声が取り上げられたことがあった。野球部はもはや経済的に余裕のある家庭しか所属できなくなっているという内容だった。これに対して、ヤフーニュースの上位のコメントは「お金がかかるのは当たり前。野球などお金のかかる部活は贅沢だ」「お金がないなら選択肢が限られるのは当然」といったものだった。正直、多額の費用がかかる習い事や留学などではなく、参加が必須の学校も多い「部活」に対し、「贅沢だ」「お金がないなら諦めるべき」といった声が大多数を占めたことは驚きだった。

大学進学も、よく「贅沢だ」と言われるものの一つだ。大学の授業料は値上がりし続け、奨学金の利用率は年々増え続けている。また、賃金が上がらず、大卒でも低賃金で働く若者も多い。その結果、奨学金の返済が生活を圧迫し、苦しむ若者が増えている。そんな若者の現状が報じられるたび、「大学は贅沢だ」「高卒で働け」「お金がないのに行くほうが悪い」という声が噴出する。

生活保護受給者も、よく「ズルい」というニュアンスで批判される。生活保護受給者は働かないのにお金がもらえてズルい、といったふうに。人々の暮らしを守る最後の砦《とりで》とも言える生活保護制度だが、この制度や受給者への偏見やバッシングは根深いものがある。生活保護を利用すれば楽に生きていけると言われることもあるが、実際この制度を利用するとさまざまな制限が生じる。その一つに車の所持の問題がある。

現状、生活保護を受給するためには、原則として所有している車を放棄しなければならない（2024年12月25日、厚生労働省は障害者らが日常生活に不可欠な買い物などで使うことを可能とすることを通達した）。[*3・4] しかし、地方の場合、車がなければ日常生活がままならないのはもちろん、仕事に就くことも難しい。そこで、地方で車がなければ生活できない人が生活保護を受給する際、車の所有を認めるべきという議論が起きたことがあった。その際、生活保護を受けているのに車を持つなんて贅沢だ、といった声で溢れた。「贅沢だ」と切り捨てるのは、「お前にはそんな権利は認められていない」と言っているのと同義だ。あらゆる「最低限の権利の範疇」であるはずのものが、「贅沢」という言葉で切り捨てられる現状に危機感を覚えずにはいられない。

「ズルい」や「贅沢だ」という感覚と地続きなのが、「優遇」という言葉だ。特定の属性への支援には、よく「優遇だ」という指摘がある。低所得者が優遇される社会、子持ちばかり優遇される社会といったふうに。弱者への支援を「優遇」だと言う人は、前提の捉え方が違うのだと思う。

0の人を50に持ち上げるのならば確かに優遇かもしれないが、実際はマイナス50の人をマイナス25にしたり、0に近づけたりするのが支援というものだ。優遇ではなく、是正なのだ。貧困支援の話題で意見が食い違うのは、前提の認識のズレが原因のことが多い。支援が行われる背景には、公が介入しなければならない圧倒的不平等がある。自分のアドバンテージ、他者のディスアドバンテージをまずは正しく認識する必要がある。

他にも例をあげれば、子育て世帯に対する支援を、「優遇」とする声もある。結婚し子どもを持てる時点で恵まれており、独身は何の支援も受けられず、産休や育休、時短勤務の穴埋めをさせられている、という主張があるのだ。しかし、そもそも子どもを産むということは、当然一人分の生活費の負担が増えるということだ。給付金があっても、経済的に大きな負担がかかることに変わりはなく、焼け石に水だろう。

さらに、少子化が進めば、年金制度など社会保障制度が維持できなくなり、独身であろうと大きな影響を受けることは間違いない。子育て支援は長期的に見れば独身を含めたすべての人にプラスの影響を与えるものであることを考えると、子育て世帯への支援を優遇と捉えて、支援が行われることで子持ちと独身の分断が煽られるというのは一面的な見方ではないだろうか。

さらに、高齢者福祉の問題も、同じような現象が起きている。後期高齢者の医療費の窓口負担割合の見直しが行われ、2022年10月1日から、今まで1割負担だった人も、一定の所得があれば2割の負担になった。厚生労働省は、介護サービスを利用した場合の自己負担について、原則1割のところ、2割負担の対象者拡大を検討している。

当然これには負担増加への懸念の声が噴出したが、一方で医療費の負担に関しては、現役世帯は3割負担なのだから、高齢者の1割負担が2割になることに文句を言うのはおかしい、高齢者への優遇が若者を圧迫しているという意見もあった。

米イェール大学助教授の成田悠輔《ゆうすけ》氏による「高齢者は老害化する前に集団自決、集団切腹みたいなことをすればいい」という旨の意見に代表されるように、高齢者は社会の荷物といった論調も聞かれる。高齢者人口の増加により、高齢者の意向が政治に反映されやすいシルバー民主主義への対抗策として、「余命投票制度」を唱える人もいる。余命投票制度は、一人1票ではなく、ポイント制にし、年を取るほど一人のポイント数が少なくなるというものだ。

しかし、果たして高齢者福祉は高齢者だけの問題なのだろうか。一見、高齢者の医療費や介護の問題は現役世帯には関係のない話にも思えるが、高齢者福祉が削られれば高齢者の介護を担っていたり家計を共にしていたりする現役世帯には当然影響が出る。言わずもがな、誰もが生きていれば高齢者になるのだから、高齢者福祉を削れば、いずれ自分たちの首を絞めることにもなるだろう。

同じ社会で生きている以上、自分に関係ないことなど、実際はほとんどない。人と人が関わり合って生きている以上は、巡り巡って自分にも関わってくる。生きやすさは奪い合い、トレードオフのように見えがちだが、実際は誰かが生きていけないような社会は他の人にとっても生きづらい社会であり、誰かの困難を解消することは、社会全体を発展させることでもある。自分の属性の利益だけを考えても、社会は良くならない。

特定の属性の問題が、社会全体の問題へと波及する例として、「インボイス制度」がある。インボイス制度の導入により、免税事業者（課税売上高が1000万円に満たない事業者）が大打撃を受けると言われているが、免税事業者以外の人からは、本来払うべきものを払うようになっただけ、それくらい払えないならそもそも商売として成り立っていないのではないか、などの厳しい意見も上がっている。「ＳＴＯＰ！インボイス」のサイトでは、インボイスの影響を受ける年収１０００万円以下の免税事業者で、Ｂ to Ｂ（企業間取引）の取引のある人の例として以下があげられている。

俳優、映画監督、脚本家、カメラマン、ディレクター、構成作家、編集者、アニメーター、芸人、アーティスト、小説家、漫画家、翻訳家、校正者、ライター、デザイナー、イラストレーター、スタイリスト、ヘアメイク、Webデザイナー、ＩＴエンジニア、ミュージシャン・音楽家、コンサート・ライブスタッフ、ハンドメイド作家、大家（居住用除く）、プロスポーツ選手、スポーツトレーナー、インストラクター、ダンサー、マッサージ師、ネイリスト、コンサルタント、一人親方、個人タクシー、ウーバーイーツなどの配達パートナー、配送業者（赤帽など）、シルバー人材センターで働く高齢者、伝統工芸などの職人、農家（農協、市場以外と取引がある人）、日雇い労働者、駐車場経営者、スナックなどの飲食店・商店の事業者、ヤクルトレディ、フリマサイトや手作り通販サイトの出品者、内職、クラウドワーカー、今は存在しない新しい仕事に関わる人など。

しかし、インボイス制度は免税事業者だけではなく、免税事業者と取引のある課税事業者にも影響が及ぶ。私たちの暮らしは、実は想像より遥《はる》かに多い、年収1000万円以下の免税事業者によって成り立っている。その人たちが廃業すれば当然、年収1000万円以下の免税事業者以外も影響を受けるし、年収1000万円以下の免税事業者と取引がある場合、不具合が生じる可能性は高い。人は一見自分に関係がないと思うことに対して冷酷になるが、同じ社会で生きている以上、間接的にさまざまな影響を受けるようになっている。

他にも、特定の属性の問題が、社会全体の問題へと波及する例として「子どもの貧困」がある。子どもの貧困というと、困窮世帯の問題で、一般家庭には関係のない話だと思われがちだ。日本財団・三菱ＵＦＪリサーチ＆コンサルティング「子どもの貧困の社会的損失推計」では、子どもの貧困を放置した場合の「現状放置シナリオ」と、支援により貧困世帯の高校進学率や中退率が改善した場合の「改善シナリオ」の比較をし、子どもの貧困を放置した場合、社会の損失は40兆円にのぼるという試算を出した。

「日本財団　子どもの貧困対策チーム」と共同で調査を行った三菱ＵＦＪリサーチ＆コンサルティングの小林庸平氏は、子どもの貧困を放置することが及ぼす社会への影響について『徹底調査　子供の貧困が日本を滅ぼす―社会的損失40兆円の衝撃』（文春新書、2016年）の中で次のように述べている。

貧困状態にある子どもの教育機会が失われてしまえば、大人になってから生み出す所得が減り、経済が縮小してしまうかもしれない。所得や経済規模が縮小してしまえば、社会としては税収や年金等の社会保険料収入が減少してしまうことになる。加えて、職を失った状態になってしまえば、生活保護や失業給付、職業訓練といった形で支出が増えることにもなってしまう。

つまり、子どもの貧困を放置してしまうと、社会の支え手が減ると同時に、社会に支えられる人が増えてしまうため、めぐりめぐってそのコストを社会全体で負担しなければならない。その結果、他の人がより多くの税金を負担しなければならないか、さもなければ社会保障や教育、インフラといった公的サービスの切り下げを甘受しなければならない。

子どもの貧困の放置で、進学率の低下や中退率、非正社員の増加、生涯所得の減少、生活保護等の社会保障給付の増大などによって、「将来の所得の減少および財政収入の減少として子どもの貧困の社会的損失を推計すると、所得の減少は総額で四二兆九〇〇〇億円、財政収入の減少は一五兆九〇〇〇億円に達する」。

特定の属性への支援は、その属性の人々の利益にとどまらず、将来的に発生する社会全体の負担を軽減し、結果として社会全体の利益になるという視点が見えてくる。

大人の貧困は同情されない

貧困に関するさまざまな記事の反応を見ると、「支援されるべき」といった声と、「甘えるな、自己責任」といった声とがクッキリ分かれる。似た事例を扱ったものでも意見が大きく分かれるものは当然あるが、「支援されるべき」か、「甘えるな、自己責任」か、その基準はいつもあまりにも曖昧だ。

事情や場合によって、支援を受けるべきかどうかを選別したがる傾向がある。「本当に困っている人」「(病気や障害で)どうしても働けない人」、そういう人は支援されるべきだ、というふうに。

逆に言えば、支援を受けるべき人とそうでない人の線引きがあるということでもある。しかし、実際は困窮に至る背景や個々人の事情にはグラデーションがあり、第三者が測るには難しい部分がある。その人が最低限の生活を送れない場合、支援を受ける権利は誰にでもあるはずだ。

子どもの貧困は同情されやすく注目を集めやすい。私自身、20代であるため、自分自身の体験を語るとなると、子ども、若者の貧困が中心だ。私の問題意識や関心は貧困問題全般であり、中年の貧困、高齢者の貧困にも当然関心が強いが、マスコミでは子どもの貧困が取り上げられることが多く、世間の注目を集めやすいため、子どもの貧困を語ってくれる当事者や専門家が強く求められていると感じることがある。メディアで子どもや若者の貧困を語ると、「中年や高齢者の貧困は取り上げてくれない、そこにも注目してほしい」という声をいただくこともあり、なんとも歯がゆい思いになることもある。

『子どもの貧困―日本の不公平を考える』(岩波新書、2008年)を出版した阿部彩氏は、子どもの貧困をあえて取り上げた理由を「政策を進めるにはこれしかなかった」[*5]と説明している。

貧困と言えば発展途上国などの絶対的貧困が想起される時代に、日本にも貧困が存在し、解決していくべき課題だと周知するためには、自己責任の横やりが入らない子どもの貧困にフォーカスする必要があったというのだ。

以前、ある子ども食堂を訪れた際、子どもと一緒に親も食事をすることに対し、「子どもはわかるけど大人は自己責任でしょ」という反発の声があると聞いた。子どもの貧困が同情されやすいのは、実際、子どもの権利は親次第で簡単に奪われるため、社会で保護しなければならないという観点もあるだろう。しかし、大人の貧困はその逆で、自己責任論で片づけられやすい。大人の貧困の中でも、中年や高齢者の貧困は無下にされやすい。子どもの貧困は本人の意思や努力如何《いかん》によってどうにもしがたい不可抗力によって生じるという前提が、社会で共有されているからだろう。しかし、本人の意思や努力如何によってもどうにもしがたい不可抗力は大人の貧困でも見られることだ。

貧困への支援が薄い社会では、貧困状態にある子どもが成長し大人になっても負の連鎖を断ち切れないまま大人になる。貧困は大学に行き、就職をすれば抜け出せるというほど単純なものではないのだが、そう思われているからこそ、大人の貧困は自ら選択を重ねた結果であり、自己責任と言われるのだろう。これは貧困という事象が理解されていないことの証左だろうと思う。

貧困問題は人権問題である

貧困への対策は、「社会的損失」をなくすための「投資」だという観点も重要だが、それだけでは不十分だと感じる。

経済学者である原伸子氏は「福祉を『投資』と扱うことでゆがみが生じている」と指摘

する。

子どもの貧困対策は「将来の自立」を目指す教育投資と結び付けられました。その一方で、母子世帯の困窮が懸念される生活保護の切り下げが実施されました。いま貧困状態にある子どもが幸福に暮らすことよりも、福祉を投資ととらえた「将来の自立」が優先されていると言えるでしょう。

（朝日新聞デジタル、2023年7月26日）

貧困の支援が自立した労働者にするための「投資」と捉えられることで、社会全体の利益が重視され、個人の幸福や安定が時に後回しにされる、というのだ。投資という観点が強調されれば、例えば投資の価値が高い子どもの貧困に政府は本腰を入れるだろうが、逆にベネフィットが少ない、見込めないと思われた属性への支援の優先順位は下がるだろう。しかし、たとえ社会全体の利益にならなくても、人権が守られることが何よりも重要であるはずだ。

２０２３年5月30日の参議院法務委員会で日本維新の会の鈴木宗男議員が「国益なくして、私は人権もないと思っております。人権だけ、優先してもですね」と発言したことも記憶に新しいが、国益にならない貧困対策は排除される。しかし、よく考えてみれば、一人ひとりの人権と社会全体の利益は相反するものではないはずで、突き詰めれば、人権を守ることは国の利益につながるはずだ。一人ひとりが社会の構成員として、健全な精神で安定した生活を送れてこそ、社会全体の安定があり、結果的に経済成長につながるのではないか。数字で根拠を示すことができ、国益に直結する貧困対策以外が削られるのは問題がある。

国際人権法の法学博士である藤田早苗氏の『武器としての国際人権―日本の貧困・報道・差別』（集英社新書、２０２２年）では、国連人権高等弁務官であるメアリー・ロビンソン氏の次の言葉が紹介されている。

現代の世界で一番深刻な人権侵害は何だと思うか、という質問をよく聞かれるが、私は一貫してこう答えてきた。それは極度の貧困だ。

貧困とは、単にお金がないというだけではなく、あらゆる機会・選択肢・力が奪われた状態のことなのだ。藤田氏は、貧困は「人権問題」であることを強調している。人権の観点から見れば、貧困状態にある人は、本来持っている「健康で文化的な最低限度の生活」を送るという人権が損なわれている状況だと言えるだろう。

同書では日本では人権が「思いやり」や「優しさ」によって実現されるものと誤解されているという指摘がなされている。同書の指摘は、「貧困と人権」について考える上で非常に有益であるため、いくつか引用し、話を進めたい。本来すべての人に与えられ、備わっている人権が、思いやりによって実現されることの問題点を、藤田氏は次のように指摘している。

人権について思いやりを強調するときに起こる問題は、「政府の義務」の議論が抜け落ちることである。そのため、人権問題が起これば、それは「自己責任」だといわれる。

同情される属性への支援は受け入れられやすいが、逆に言えば同情できない属性への支援は反感を買いやすい。同情できる属性は支援されるべきという「選別」が、この社会には存在する。同情できるかどうかは、年代はもちろん困窮に至った経緯や理由、さらには本人の属性などによって変わる。このように、支援されるべきか否かを同情できるかどうかで判断することは、「人権」という観点から大きな問題がある。

日本国憲法第25条に「すべて国民は、健康で文化的な最低限度の生活を営む権利を有する」とあるように、最低限の生活、つまり貧困状態に陥らないことを国は保障する義務があり、すべての人には人間らしい生活を要求する権利がある。その権利は属性によって変わるものではない。

同情できるか否かが、支援されるべきか、つまりは権利が守られるかどうかに影響するという考えは、人権が条件付きに発生するかのような勘違いからくるのではないだろうか。藤田氏は、思いやりと人権問題を混同することの弊害にも言及している。

思いやりは基本、強い立場から弱い立場へ一方的に与えられるものでもある。与える側が、気に入らない人や嫌いな人に思いやりを与えないということも可能だ。

さらに、低所得者バッシングや、低所得者支援への非難が生じる背景について、次の内容は非常に示唆深い。

弱者が、憐《あわ》れまれる「かわいそうな状態」にとどまっている限りは同情される。しかし、彼らが自らを弱者に追い込んだ社会の問題を指摘し、権利を主張するとそれは否定的に受けとられ、「わがまま」「身の程知らず」と批判されることも少なくない。

貧困に喘《あえ》ぐ人々が、黙って困窮状態にとどまっていれば何も言われないが、生活を保障してほしい、賃金を上げてほしいと言えば、途端に猛烈なバッシングに遭うのがこの社会の現状だ。

そして、「同情できる存在こそ救われるべき」「人権はマジョリティの思いやりによって与えられる」という価値観と地続きだと思うのが、「申し訳なさそうにしたら譲ってやる」の精神だ。

日本社会では、ベビーカーと車いす利用者に対して厳しい風潮がある。「子連れヘイト」とも言える度を越した子連れバッシングがあるが、その中でも代表的なのが、「ベビーカーなら譲ってもらって当然と思うな」というものだ。そこまで言葉がきつくなくても、「譲ってもらって当たり前という態度の子連れに会うと（エレベーターなどを）譲りたくなくなる」という声は本当に多い。常に周囲に「すみません」と頭を下げ続けていないと子連れは猛烈に叩かれる。

さらに、車いすユーザーにも同様の目が向けられる。車いすユーザーがエレベーターに乗ろうとすると歩ける人に割り込まれ、乗れないということが何度もあると訴えたところ、炎上するという出来事があった。これには、「車いすの人には譲って当然」という声ももちろんたくさんあったが、ヤフーニュースのコメントでは、「譲ってもらって当たり前という態度では譲りたくなくなる」「譲られる側の態度も重要」といったコメントが大量の「いいね」を集めた。

他人に親切にしてもらって当たり前と思わないこと、善意に対してお礼を言うこと。これらは大事なことだし、そうでない人に出会うとムッとする気持ちもわかる。一方で、申し訳なさそうにしていたら、頭を下げたら譲ってやる、というのはおかしいとも思う。

移動に困難が伴う人たちにはエレベーターなどを使う権利があり、それは健常者の主観的なジャッジによって変わるものではない。また、健常者がベビーカーや車いすユーザーに譲るのは当たり前のことだが、「譲ってもらって当たり前と思うな」という声が大きくなるのは、弱者が優先されるかどうかは強者側から見た心証次第、弱者の権利は強者からの施しで守られているという考えが根強いからだろうか。

これを執筆している2024年にも、車いすユーザーの映画館の利用をめぐって大きな議論が起こり、やはり声を上げた車いすユーザーが猛烈なバッシングを受けた。今後何周もする議論であろうが、人権の本質について、改めて考え直す必要がありそうだ。

一見貧困とは関係のない車いす・ベビーカーユーザーへの不寛容問題も、人権が正しく理解されていないという点で低所得者バッシングと同根だと言えるのではなかろうか。

同情できる存在こそ支援されるべきという考えを強く感じたのが、日本における避難民への対応の差だ。ロシアのウクライナ侵攻により、故郷をあとにせざるを得なかった避難民が日本にもやってきた。ウクライナからの避難民の来日は日本でも連日報道され、住居や食料、仕事、日本語学習の支援を表明する個人や自治体も次々に現れた。

その上、日本語を学びたい学生や、日本の文化が好きという避難民のインタビューなども流れ、国内は歓迎ムード一色。「Welcome to Japan!!」といった雰囲気だった。わかりやすいバックグラウンドがあり、日本に友好的であるというイメージは、まさに「同情できる」「支援されるべき」対象だと映るだろう。

当時、公明党幹事長代理の谷合正明氏は「これだけ好意的な形で外国人の難民・避難民受け入れが進んでいるのは初めてと言っていいだろう」と述べている。[*6]

しかし一方で、さまざまな理由で母国にいられず、日本に逃れてきた人々はウクライナの避難民だけではない。そうした日本にやってきた外国人に対する偏見やバッシングは深刻である。記憶に新しいのは名古屋出入国在留管理局で2021年3月、収容中のスリランカ人女性、ウィシュマ・サンダマリさんが亡くなった事件だ。体調が悪化し、嘔吐《おうと》するなどしても適切な対処がされず亡くなるという痛ましい事件だったが、報道されるたびに、ヤフーニュースのコメントなどでは、非人道的な対応をした入管への非難ではなく、「母国に帰れ」「こうならないように強制送還する仕組みが必要だ」といったものがトップに来て、膨大な「いいね」を集めた。

入管に収容されている外国人、仮放免中の外国人への差別意識は根深いものがある。仮放免中の人々は働くことも許されず、生活保護も受給できず、医療保険に入れないため病院に行くこともできない。そして実質ホームレス状態にならざるを得ない。国家による迫害や紛争など、国にいれば生命や自由の危険があるという状態にイメージが湧きにくい日本人からは理解しがたいかもしれないが、さまざまな理由で故郷を追われてくる人たちがいる。帰国すれば命の危険があるような人たちに対して「国に帰れ」ということはどれほど残酷なことかと思う。

認定NPO法人難民支援協会[*7]によれば、日本の難民認定率は2023年は申請数1万3823人に対し認定数は303人で、3・8%という驚異の低さだ。ドイツが20・0%、カナダ68・4％、フランスが24・0％、イギリスが61・5％、アメリカが58・5％であり、同協会のホームページでは、日本は「世界でも類を見ない極めて少ない認定数である」と記されている。

入管での収容者に対する暴行など、非人道的行為が度々問題になるが、相変わらず「強制送還されればそういった問題は起きない」という声は根強い。ウクライナ避難民への反応との極端な違いを見ると、同情できる存在こそ支援されるべきという考えが正義とされる社会への強い危機感を抱かざるを得ない。

教育格差の実態

2021年、テレビ番組で「若者の格差社会をなくすためには」というテーマで議論が行われた際、起業家の平原依文《いぶん》さんが「学歴社会こそが経済格差の原因であると思います。だからこそ、人を評価する判断基準は学歴ではなく、その人個人が持つ唯一無二の経験。〔そうすれば〕いつからでも、自分の頑張り次第で結果も生み出せて、収入格差がなくなると思います」と発言[*8]し、格差をなくすには「学歴」か「体験」か、という大きな論争が起きた。
この話題はネット上で大激論となった。学歴こそ唯一平等に闘えるものだという意見も多かったが、「学歴」も「体験」もどちらも親の収入の影響をもろに受けるものの最たる例だと思う。経済的に豊かでなくても、〝地頭が良ければ〟経済的に豊かな人と渡り合えるというのは事実だろうが、全体の傾向としてはやはり親の収入と学力・学歴は強く相関する。

日本財団の「家庭の経済格差と子どもの認知能力・非認知能力格差の関係分析―2・5万人のビッグデータから見えてきたもの―」（2018年1月）によれば、経済格差による国語、数学・算数の学力の差は10歳頃から現れる。「7～9歳については生活保護世帯と非貧困世帯で統計的に有意な学力差はないが、10歳以降ではすべて統計的に有意な差が確認される」というのだ。

その上、「保護者に対する調査の結果と学力等との関係の専門的な分析に関する調査研究」（国立大学法人お茶の水女子大学、平成30年3月30日）によれば、国語と算数の学力を世帯収入ごとに比較したところ、いずれの教科においても、おおむね世帯収入が高いほど学力が高くなる傾向が見られたという。

さらに、保護者の最終学歴が高いほど、子どもの学力も高くなる傾向が示された。

「2021年度（第71回）学生生活実態調査結果報告書」[*9]（東京大学学生委員会 学生生活調査WG）を見ると、東京大学の学生は比較的裕福な家庭出身であることがよくわかる。出身校は「中高一貫型の私立学校」が44・1％と最も大きな割合を占めている。さらに世帯収入に関しては、「わからない」を除けば「1250万円以上」が最も多く（18・6％）、950万円以上だけで4割を超える。逆に450万円未満は10・8％にとどまっている。

また、奨学金を受給していると回答した割合が17・4％、受給していないと回答したのが82・6％と、全国平均に比べ著しく奨学金の受給率が低いのも特徴的だ。実家からの金銭的援助を受けられる学生が多いのだろう。授業料の負担は「家庭からの仕送り」が実に88・4％と9割近く。奨学金と回答したのはわずかに6・3％である。この結果から、高い学力を有する学生は、親の経済力が高いという事実が見えてくる。

奨学金返済の負担の大きさは、もはや社会問題となっている。2022年に自死した人のうち、理由の一つとして奨学金の返還を苦にしたと考えられる人が10人いたことが報じられた。自死した人の統計の見直しによって、「奨学金返還」の項目が加わったことで明らかになったという。今までは調査項目の中になかったのだから、奨学金返済を苦に自死した人の数は、実際は相当数いたのだろう。

一般社団法人つくろい東京ファンド代表理事の稲葉剛《つよし》氏の「生活に重くのしかかる奨学金返済『生きていくのがつらい』」（「毎日新聞」政治プレミア、2023年3月19日）によれば、奨学金の返済により、生活が圧迫されるだけでなく、人生の選択に影響を受けていることがわかる。

全体の3分の2（65・6%）にあたる人が、奨学金返済が自身の「貯蓄」に影響していると答え、約半数が「仕事や就職先の選択」（46・1%）や「1人暮らしの決断」（46・0%）に影響していると答えた。

「結婚」（37・5%）、「出産」（31・1%）、「子育て」（31・8%）、「持ち家取得」（32・

8%）への影響を認めた人も、それぞれ全体の3分の1程度を占めた。
深刻なのは、長期的な生活設計だけでなく、若者たちが現在の健康を維持することにも影響が出ていると見られることだ。

大学の進学率は過去最高を記録し、今や半数が進学する時代だ。さらに高等教育全般の進学率は8割にのぼる。[*10] 高卒と大卒では応募できる求人の種類も違うし、初任給も違う。データで見れば生涯賃金にも数千万単位の差が出る。そういった状況を鑑みれば、将来の経済的安定を考え大学進学を目指すのは自然なことだろう。
しかし、授業料は高騰し続け、今や国公立大学でも多額の費用がかかる。2020年度の独立行政法人日本学生支援機構の調査[*11]によれば、何らかの奨学金を受給している人の割合は49・6%（大学・昼間部）と5割近くにのぼる。

私自身、大学では実家の経済格差を嫌というほど感じた。まず、入学金と前期の授業料を一括で納めなければ入学できないという問題にぶち当たる。さらに周囲と一番大きく感じた格差は、奨学金を借りる必要があるかどうか、実家から仕送りを受けられるかどうかだろう。

2020年度の大学（昼間部）の仕送り金額の平均は、年間114万4700円。月額にすると9万5391円である。私は親からの援助は一切なしが当たり前だったため、世の大学生は平均すると月9万円強の援助があるという事実は衝撃的だった。よく、「子どもの教育費が心配で……」「大学まで行かせてやれるか……」といった親の声を聞くが、それは親が学費を払う、または一部援助する前提であり、それが「一般的な感覚」なのだと思う。

一方で、この数字はあくまで「平均値」。この金額を大きく上回る援助がある学生がいるのは当然のこと、この平均値を大きく下げることに貢献している私のような家庭からの仕送り「0」の学生もいる。さらには仕送りにはマイナスの指標が存在し、実家から学生、ではなく、学生から実家に仕送りしなければならない家庭だってある。

同じく、学生生活費の内訳を見ると、奨学金が37万3200円（月額3万1100円）、アルバイトが36万6500円（月額3万541円）であることを見ても、大学生の収入は実家からの仕送りが最も大きい割合を占めていることがわかる。実家からの仕送りに頼れない学生は、奨学金やアルバイトでその不足分を補うことになるが、学生生活を送る以上、アルバイトをできる時間は限られており、また扶養の範囲内で働かなければ所得税が発生する問題もあることから、アルバイト収入を増やすにも限界があり、結果として奨学金を増額せざるを得ない。

そして奨学金を多く借りるほど、当然将来の返済額は増大する。社会人になったとき、奨学金の返済がない学生と、数百万円の返済がある学生とでは、スタートラインが大きく異なるのは言うまでもない。大学進学は貧困の連鎖を断ち切るために有効な選択肢だが、家庭からの援助が得られない学生の負担はあまりに大きい。

児童養護施設から大学に進学した学生を取材し、「大学は贅沢品か」というテーマで記事にしたことがある。この記事に寄せられたコメントでは、「社会に貢献したいというなら贅沢品ではないが、就職のためや、まだ学生生活を楽しみたいのなら贅沢品」「貧しくても学力や志のある人にとって贅沢品であってはならないが、Ｆランク（Ｆラン）なら贅沢品」「学力が高い学生は社会に貢献する可能性が高いから税金で支援するべき」といった「大学は贅沢品か」「教育費を公的に負担するべきか」は、条件や場合によって異なるという意見が圧倒的に多かった。

もちろん、授業料免除などの制度や補助金は財源が限られているため、ある程度対象を絞ることは必要だろう。一方で、高等教育の学びにおいて動機の評価や選別をするのはそう簡単ではない。そして18歳の時点で進学の動機が定まっていないとして、それが「その程度の動機なら大学は贅沢品だ」と切り捨てるのはあまりに早計ではなかろうか。「国益になるかどうか」が果たして学びの価値や目的のすべてなのか、その可能性を第三者が量れるのか、疑問は残る。いい（給料や条件のいい）会社に就職できなければ大学で学ぶ意味がない、学費の無駄という声もよく聞かれるが、学ぶことの意味は学歴を得て新卒カードを手に入れることだけではないのではないか。

そして、もう一つ重要な視点が、高卒の時点で難関大学へ行ける学力を築くのに、そもそも親の経済力が大きく影響するということだ。貧しくても優秀な学生は一定数いるだろう。しかし、全体の傾向を見れば親の経済力の影響は確実に学力に現れる。親の援助がなくても進学できるようにすることが重要なのはもちろん、学力形成における格差を是正することと、そもそも大学進学を選択肢として考えられるようにすることも必要だろう。家が貧しいと、大学進学を選択肢として考えられなかったり、親から反対されたりすることもあるからだ。

さらに、大きすぎる教育費の負担は少子化対策の観点からも重要な課題である。出生数が70万人を下回る見込みとなり、いよいよ深刻となった日本の少子化問題。政府は出産時や幼児期の支援を打ち出しているが、幼い頃の負担より、高校以降の負担が大きすぎるという声は大きい。「高等教育の負担が大きすぎること」への不安は、子どもを産むことへの懸念となり得る。そして、奨学金の返済を抱えた若者は結婚や出産という選択肢に消極的になる場合もある。世代・トレンド評論家の牛窪《うしくぼ》恵《めぐみ》氏は、『恋愛結婚の終焉《しゅうえん》』（光文社新書、2023年）の中で、経済格差が結婚への希望に大きく影響を与えることを指摘し、若者が結婚を自分ごととして捉えられない要因として、奨学金の負担の大きさをあげている。

学生時代から、既に数百万円という借金を背負わされた彼らが、「結婚は嗜好品」や「子どもは贅沢品」、あるいは「結婚は無理ゲー（無理なゲーム）」といった声を上げるのも当然ではないでしょうか。

また、労働者福祉中央協議会（中央労福協）が2022年9月に実施した「奨学金や教育費負担に関するアンケート報告書」[*12]によると、「奨学金返済による生活設計への影響」の項目では、結婚が37・5％、出産は31・1％、子育て31・8％が「影響している」と回答し、奨学金の返済がライフイベントに影響を与えていることが示された。

さらに、慶應義塾大学経済学部附属経済研究所の王杰《ワンジエ》特任講師（教育社会学）、同学部赤林英夫教授（応用経済学）他からなる研究チームが発表した「奨学金の負債が若者の家族形成に与える影響―『JHPS第二世代付帯調査』に基づく研究」[*13]によると、「貸与奨学金を受給したグループは受給していないグループに比べ、結婚のタイミングが遅く、子供の数も少ない」という結果が示された。

高等教育の経済的負担が大きすぎる現状は、少子化にも影響を与えているのではないか。

「大学全入時代」と言われるが、実際に大学に進むのは親の援助を受けられる人か、奨学金という名の借金をする人だ。親の援助が受けられる人にとっては進学しようと思えば進学できる時代になった一方、親の援助が受けられない人は多額の借金をするか、アルバイト漬けになるか、その前に諦めるしかないのが現実だ。全体の大学進学率は5割を超えたとはいえ、一方で児童養護施設出身者の大学進学率は1割強にとどまる。[*14]

実際に施設から進学した学生を取材すると、「大卒者の前例がない」「職員から高卒で働くよう言われる」という声が聞かれた。職員が高卒で就職するよう指導するのは、やはり奨学金とアルバイトですべて賄いながら卒業することが、非常に困難を伴うことであり、何かあれば生活が破綻する可能性があるからだ。

現状では生活保護を受給しながらの大学進学は認められていない。生活保護受給世帯の子どもが進学する場合、世帯分離（住民票を切り離し、家計を別にする）の手続きを取る必要がある。虐待から逃げてきた場合など、親を頼れない学生が病気などでアルバイトが困難になった場合、一時的にでも受給できるようにという声が上がったが、2022年12月の厚生労働省の社会保障審議会では、「一般世帯にも奨学金やアルバイトなどで学費・生活費を賄っている学生もいる」などの理由で、大学生も生活保護を受給できるように制度を変更することは見送られた。[*15]

大学生の生活保護受給に関しては反対の声も多かった。反対の背景には、多くの学生がアルバイトをしているという理由があげられるが、学費や生活費の一部を親に負担してもらえる学生と、すべて自分で賄う必要がある学生とでは「アルバイト」の意味合いは全く異なるだろう。生活保護が難しいのなら、別枠で救済制度を作る必要があるのではないか。

新型コロナウイルスが蔓延《まんえん》した際、主なアルバイト先であるサービス業が打撃を受け、アルバイトができなくなり収入が途絶えた学生たちがいた。親の援助が受けられない学生は常に綱渡りの状況であり、最悪何かあれば退学せざるを得ない状況に置かれる。休学すればその期間は奨学金の支給がないため、休んでから立て直すということも難しい。

現状では、高等教育（少なくとも現役進学）は親の援助が受けられる人を前提としているように見える。高等教育を受けるのは貧困の連鎖を断ち切る機会となるはずが、かえって貧富の差を再生産する要因にすらなっているのではないか。

奨学金をめぐる議論

労働問題に取り組むNPO法人「POSSE」メンバー・岩本菜々さんが立ち上げた「奨学金帳消しプロジェクト」というものがある。公式noteによると、「奨学金という名の債務を抱える若者たちが、自分たちの力でこのシステムを変えるべく立ち上げたプロジェクト」で、債務の取り消しや学費の無償化を目指していくものだという。[*16]

このプロジェクトや、奨学金返済で生活に窮する人たちが報道されると、目も当てられないような猛烈なバッシングが起きた。「借金の踏み倒し」と揶揄《やゆ》され、「返せないのに借りたほうが悪い」「借りたものは返せ」という声が沸き上がる。借りたものは返すべき、という世の理《ことわり》、これ自体に異論はない。ただ、奨学金を他の借金と同列に扱うことには強烈な違和感がある。奨学金を借りるかどうかを決めるのは、多くの場合高校3年生、つまり17〜18歳という年齢の子どもだ。その年齢で、数百万円の借金をするかどうかを決めなければならない。その時点で、大学を卒業してから、手取りの中から返済できるという確証が持てるだろうか。

もちろん、データから現実的な予測をし、見通しを立てるのは大事なことだ。しかし、社会は刻一刻と変化する。安泰だと思われていた業界がコロナで壊滅状態になり、廃業や失業が相次いだことを誰が予測できただろう。見通しなど、数年後には意味をなさなくなることなどざらにある。それでも、データで見れば高卒か大卒かで生涯賃金が数千万単位で違うとわかっているのだから、奨学金を借りて未来に希望を託すことは、浅はかでも愚かでもない。実に現実的で賢明な判断ではないか。さらに、親や親族の援助を受けられない高校生に、「奨学金を借りるな」と言うのは、大学進学を諦めろと言っているに等しい。

給付型の奨学金もあるが、対象の範囲や条件は厳しい。高校卒業時点で大学進学できる学力を築き、学びたいという意欲もある。そんな学生に、経済的理由で「進学を諦めろ」と言うのが、どれほど残酷なことだろう。少なくとも大人が言うことではないと私は思う。

高卒で働く道もある、夜間や通信制もある、社会人になってから入り直す道もある。そんな意見も毎回見る。もちろんそれらも立派な選択肢であるが、あらゆる選択肢がある中で主体的に選ぶのと、お金がないがゆえにそれを「選ばざるを得ない」のとでは全く意味が違ってくる。経済的理由で制約が生まれることの不条理を無視するべきではない。

また、社会人になってから大学に入り直すというのは、気軽に提案できるほど簡単なことではない。無収入の期間が発生する可能性が高く、受験との両立に理解ある企業に所属できるかどうかは運による部分も大きいだろう。一縷《いちる》の望みに託すよりも、現役で進学できるならばしたいと思うのが自然ではないだろうか。

そもそも親や親族から援助が受けられる場合、奨学金を借りる必要はない。奨学金という名の借金をする人たちは、自らの行いや選択の結果ではなく、100％生い立ちの影響により、その選択をせざるを得ないというのも、他の借金とは大きく違う重要な点だろう。「今の時代、奨学金を借りれば大学に行ける」と簡単に言うが、生い立ちによって進学に際し借金をする必要があるかどうかが決まるという現実は、決して「仕方がない」とか「そういうものだ」と受容し割り切っていいものではない。それは明らかに社会の欠陥であり、不条理な現実で、放っておいていいものではないのだ。

人生は予測できないことの連続だ。いざ奨学金を借りて大学を卒業し、社会に出ても、会社の業績不振などさまざまな理由で離職せざるを得なくなったり、事故や病気により無職または低収入に陥ることもある。それで返済できなくなった人に、「返せないのに借りるのが悪い」と言うのは筋が違う。そうなったときにセーフティネットが機能していない社会、十分な救済策がない制度の欠陥を憂い、批判するべきだろう。

よく、SNSなどで、「我が国の奨学金制度は素晴らしい」というインフルエンサーを目にする。完済の証明書を添付して、「この制度のおかげで自分はここまで来られた」というのだ。この社会で、こんな低利率でお金を貸してくれるところはない、裕福ではない人がいっぱしの人間になるために実に有用な、良心的な制度なのだ、と（低利率というが、そもそも「奨学金」に利子がつくことに疑問を感じないのだろうか）。

そういう人はほぼ間違いなく社会で成功し、安定した所得を築いている。それはどこまでも結果論にすぎず、もちろん本人の努力も大きいと思うが、運が良かったからという部分も否めないだろう。〝たまたま〟自分が返せたからといって、その制度が素晴らしいと言い切ってしまうのは生存者バイアス以外の何物でもないだろう。実際にこの制度に苦しめられ、結婚や出産といったライフプランにも影響が生まれ、中には自死まで考える人がいる現状を見れば、この制度に看過できない欠陥があることは火を見るより明らかだ。自分が返せたからといって、制度の問題点を無効化、不透明化するのはあまりに酷ではないか。返せない人がいる現実を「個人の問題」にするべきではない。

「経済的に困窮しても免除など救済制度がある」と言う人もいるが、この楽観的見方は実情とは乖離《かいり》していると言わざるを得ない。減免制度というものがあって、一定期間（一回の申請で最長12カ月）月々の返済を2分の1、3分の1に減らせる制度は確かにあるが、総額自体は変わらないのでその分、当然完済までの期間は延びる。この制度を利用せずストレートで20年間で返還するとして、完済時には42〜43歳になる（現役で進学し、ストレートで卒業した場合）が、減免制度を利用すれば、いったい完済時に何歳になっているだろう。返還免除の規定はべらぼうに厳しく、当然経済的に困窮しているからという理由で通るものではない。奨学金返済に窮する当事者の、「死ぬしかない」という声が紹介されることもあるが、死亡した場合は返還が免除されるので、この声は比喩でもなんでもない。

奨学金制度の素晴らしさを説く人の中には、「奨学金はリレー返還方式で、返済ではなく返還です、私たちが返還しないと次世代が学べなくなります」なんて説教を垂れる人もいるが、そんなことは日本学生支援機構からの書類などでさんざん見聞きして知っているし、みみたこ（耳に胼胝《たこ》ができる）案件だろう。返済に苦しむ人たちだって、次世代に迷惑をかけたくなどない。リレー返還の意義を軽んじているわけでも、蔑ろにしているわけでもない。むしろ返さないといけないと必死になりながらも、やむにやまれぬ事情から返済に窮しているのだ。

先にあげた奨学金帳消しプロジェクトの議論になると、奨学金の負担に理解のある良識ある層からも、「奨学金を帳消しにすると、頑張って返済した人や、進学を諦めて高卒で働いた人との間に不公平感を生む」[*17]という声が上がる。

こういった意見は感情論としては理解できるが、一方で大きな違和感もある。例えば、子育て世帯にかかる負担を軽減するために、給付金を支給するという案が検討されたとする。この場合、子育ての経済的負担を考えて産まないという選択をした人への不公平感を煽るから、給付はやめるべき、ということになるだろうか？　それを言い出すと、ほとんどの支援はできなくなるのではないか。社会を前に進めるために何が必要か、考えていくべきだと思う。

そもそも、奨学金の返済を考慮して大学進学を諦める人がいることへの対策と、現在返済を抱えている人への負担を減らすことは切り離して考えるべきだ。すでに完済した人への対応はどうするのか、財源はどうするのか、といった議論は当然必要だ。でも、帳消しに反対する人たちは、そういった建設的な議論をする前に、「借りたくせに返さないやつは許せないから、負担を減らすべきでない」という懲罰的な考えから反対しているような気がしてならない。

全員分を帳消しにするのは、予算的に難しい面もあるかもしれない。しかし、例えば、一定期間の所得に応じて、段階的に負担を軽減したり、所得から奨学金返済分を控除するなど、いくらでも現実的な救済策を探っていく道はあるはずだ。帳消しは許せない、現実的ではない、と思考停止するべきではない。

本書では、スタートラインに立つ以前に生じている生い立ちや生育環境による格差、本人の努力や選択以外のところで受けている影響について掘り下げていく。

貧困層への支援の現場にいる人の視点で、現状どのような格差があるのか、貧困層はどんなハンデを抱えているのかについて、具体例を知るために2名の方にインタビューをした。

キッズドア・玉木絵梨さんインタビュー

まず、日本の子どもの貧困問題に取り組む認定NPO法人キッズドアの玉木絵梨さんに、貧困状態にある子どもたちが抱える困難についてお話を伺った。

＊

居場所型学習会を始めた頃、寄付でいただいたカップラーメンやちょっとしたお菓子などの軽食を提供していました。でも、みんなお腹がすきすぎて全然勉強に集中できないんです。学習会として成り立たなかった。だから、しっかりとした夕食を提供することにしました。まずはおにぎりをつくるところからスタートです。一升分握っても、あっという間になくなります。ご飯を食べると学習にスムーズに入ることができました。勉強の集中力が違う。そもそもご飯をしっかり食べていないんです。

学習会がメインでしたが、勉強じゃないところ、非認知能力や文化資本形成が大事だと気づいて、力を入れ始めました。勉強を教えるだけでなく都心の企業のオフィスに連れて行って見学したりもしています。

経済的な格差は、さまざまなところに影響します。その一つが部活です。部活を選ぶ基準が、「お金がかからないかどうか」という子が結構います。部活の中でも道具代や遠征費でお金がかかると言われている野球部ですが、今まで200人くらいの子どもたちを見てきて、野球部に入って3年間続けたのは1人です。あとはお金がないから野球部を選ばなかったり、入っても途中で辞めたり。「本当はテニス部に入りたかったけどお金がかかると聞いたから違う部に入った」「高校でダンス部に入ったけど衣装代が高くて辞めた」という子がいました。

部活だけでなく、進路を選ぶ基準も、きょうだいが通っていたとか、家から自転車で通えるかといったものをよく聞きます。実際、キッズドアが行った、学習支援などを受ける高校生世代351人を対象にした生活状況などについてのアンケート調査では、高校卒業後の進路を決めるにあたって、「『家庭の経済状況の影響を感じる』との答えがおよそ9割にのぼりました」[*18]。

まず電車通学するお金がないんです。ある子は修学旅行の集合場所が羽田《はねだ》空港だったんですけど、30㎞以上の距離があるにもかかわらず、電車賃がないから羽田まで自転車で行こうとしたんです。どんな場面でも交通費がネックなんです。

キッズドアではイベントがあると交通費も支給します。企業が無料のイベントを開いてくださることもあるんですが、会場まで行く交通費を出すのが子どもたちにとっては難しいんです。「交通費は出ますか」と企業の担当者に確認すると、「それは想定していませんでした、上の者に確認します」とびっくりされますね。

家庭の経済状況により、好きなことを諦めているんですが、諦めているという自覚もないまま、消去法で選んでいるんです。自分の好きなこと嫌いなこと、何が苦手で何が得意なのかがわからない。子どもたちは自ら「最低限」を選びます。社会は「贅沢をするな、最低限、最低限」と言いますが、本当にそれでいいのかなと思います。

大学に進学する子も増えていますが、入学金の納付は大きな問題です。奨学金を申請していても、奨学金が入るのは入学後なので、入学金の納付期限までに間に合わないんです。支払わないと入学が取り消されてしまいます。社会福祉協議会の貸付を検討する、大学の学務課に分割を相談するという方法などがあります。知っていればアクションにつながりますが、知らないと難しいですよね。こうした情報には200〜300万円の価値がある、と思います。そんな大事な情報を誰も教えてくれないんです。

貧しい家庭の子の学力への影響は顕著です。「進研Vもぎ」という中学3年生が年2回受けられる模擬テストがあるんです。受験料をキッズドアで負担して受けてもらうのですが、その結果、偏差値30〜35の子がほとんどです。私が見ていた中学3年生は30人くらいいるんですけど、偏差値50以上、つまり平均に達している子は3、4人でした。全体の10分の1程度しかいないことになります。

学習会に参加する生徒と話すと、日本語が通じないと感じることがあります。意思疎通ができないと思うことが多いんです。話してると、知らない語句が出てくることが多いようで、「〇〇って何?」と聞き返されることが非常に多いんです。本来その年代であれば当然知っているというレベルの言葉がわからない。例えば中学生の漢字テストで、「濃霧」という単語が出てきたとき、「のうむって何？」と聞いてきたので、「濃い霧のことだよ」というと、「きりって何？」と。東京の子だから霧を知らないということもあるのかなと思ったのですが、他にも「雷雨」という単語も知らなかったり。進路の話のときに、留学の話をすると、「留学って何ですか」と言うんです。まずそもそもその概念を知らない。あと、「次は20日に集合ね」と言ったら、「はつかって何？」と聞いてきたり。普段、同じ学力レベルの子としか話さないから、わからない言葉があってもそのまま過ごせてしまうんです。

あとは、物事を順序立てて話すことができなかったり、話しているとつまずくことが多いです。お互いが通じない。自分の気持ちをうまく言語化できず、すごく言葉の使い方が不自由なんです。だから相手に間違って伝わってしまって、喧嘩《けんか》になってしまうということがよくあります。投げやりになって相手を批判して自己正当化してしまう子もいました。だからお互いの伝えたいことを一つひとつほどいていって、こう言いたかったんだよね？　と間に入ると、誤解が解けて、仲直りします。

健康に対する意識でも、違いを感じます。具合が悪くても病院に行かない子は本当に多いんです。熱が38度あっても「心配されたい」「家にいても寂しい」といった理由で学習会に来たりします。あと、病院に行くお金がないんです。自転車に乗っていたとき、車とぶつかったのにそのまま来た子がいました。お金の心配が先立つから自分を大切にすることは全く考えていなくて、自転車が壊れちゃったということをまず心配しているんです。また、外国ルーツの子で、そもそも保険証を持っていないから病院に行けないという子もいます。子どもたちと合宿で泊まったときに、歯磨きをしていたら、「何回も歯磨きするんだね」と言われたことがあります。歯磨きを1日に数回するという習慣がない子もいます。

*

東京都内で実際に貧困層の中高生を支援していた玉木さんから語られる実態は、痛ましいものがあった。そもそも空腹で勉強に集中できない、具合が悪くても病院に行けないなど、最低限の生活が整っていない。そんな状況で学力に差がつくのは想像に難くないが、言語化する能力、対人コミュニケーションにおいても格差が生じているという点も見逃せない。

家庭の経済状況が進路や部活動にも影響を与えるという指摘があったが、内閣府の「令和3年 子供の生活状況調査の分析 報告書」によると、親の「子どもの進学段階に関する希望・展望」という項目で、「大学またはそれ以上」と回答したのは、非貧困層の世帯で67・2％、準貧困層世帯で36・5％、貧困層の世帯で25・9％と大きな差が付いている。「進学したいと思う教育段階」という項目においても、「大学またはそれ以上」と回答したのは非貧困層の世帯で64・3％、準貧困層世帯で38・1％、貧困層の世帯で28・0％と、やはり世帯の経済状況が進路の希望に大きく影響を与えるようだ。

また、「部活動等への参加状況」では、参加していないと回答したのは非貧困層の世帯で12・4％、準貧困層世帯で13・7％、貧困層の世帯で23・8％と、貧困層の世帯では参加していない割合が高くなった。

「情報には200〜300万円の価値がある、と思います。そんな大事な情報を誰も教えてくれないんです」という言葉も非常に印象的だった。貧困の現状について発信すると、「○○という方法があるじゃないか、そんなことも知らないなんて」「情報はあるのに、やらないほうが悪い」といった批判もくる。しかし、困窮している人が情報を摑《つか》みにいくのは簡単なことではない。

玉木さんが指摘したように、奨学金が入る前に納付しなければならない入学金や、前期の授業料が用意できない場合の対処法は、知っているかどうかで人生が大きく変わる可能性がある。貸与型の奨学金以外にさまざまな奨学金制度があるかどうかも知っていれば、学生生活がアルバイトに追われるかどうかや、社会人になったときに背負う借金の額が大きく変わってくるだろう。

アウトリーチする体制もまだまだ整っておらず、情報はひっそりと物陰に隠れているようなものも多い。安定した生活基盤を持っている人ほど、情報への感度も高く、情報を取りにいく力も余力もある。情報にアクセスできないこともまた、貧困という現象の一種なのだと思う。果たしてそれを無知なのが悪い、と断罪できるだろうか。生活に必要な情報の供給の仕方も、見直されるべきだと思うのだ。

「子どもたちは自ら『最低限』を選びます。社会は『贅沢をするな、最低限、最低限』と言いますが、本当にそれでいいのかなと思います」

この玉木さんの言葉を、私はこの社会で生きる人すべてに問いかけたい。親が稼げないなら子どもが我慢するしかない、平気でそう言う人もいるけれど、野球部に入ることさえ贅沢と言われるような社会に、いったい誰が希望を持てるというのだろう。

地域若者サポートステーション・寺戸慎也さんインタビュー

若者の就労支援をする「地域若者サポートステーション」で相談員をしている寺戸慎也さんに、仕事を得て所得を築いていく上で、社会的弱者にどんな障壁があり、どんな支援が必要なのか、話を聞いた。

*

地域若者サポートステーションでは、15～49歳の働く意欲がある方々の就労支援をしています。相談に来られる方の多くに不登校歴があったり、社会人になって働くことにうまく適応できなくなった方が相談に訪れます。支援の中では、いわゆる「発達障害」のある方々にも多く出会います。支援の過程の中で、医療機関で発達障害（現在の診断基準では発達障害ではなく「神経発達症」という言葉が使われています）を診断するためにさまざまな心理検査を受けていただくこともあります。その中で知能テストを受けると、境界知能（平均的ではないが知的障害でもない、知能指数にしてIQ70以上85未満の状態）だったり、逆に平均より突出してIQが高い場合もあります。誰にとっても「自分の中では、自分が普通」というか、自分以外の人が、世界をどのように感じているかはわからないので、そうした客観的なデータを見ないと、自分自身が周りと違う部分がある、と気づくことは実は難しいのではないでしょうか。

さまざまな特性を持った人がいるので、本来はじっくり時間をかけて、自己理解を深められるような支援をしていきます。ただ、ご本人が経済的に困窮していると、余裕がなく、自身に合う職場を見つけることが難しくなってしまいます。一方で、経済的に余裕のある家庭であったり、親から経済的支援を受けられる場合は、腰を据えて支援することができます。感覚的ではあるのですが、自己理解をして、さらに自分に合った職場を見つけるには少なくとも1年、必要な方は2年以上の時間が必要だと感じています。経済的安定がないと、自己理解とマッチングがうまくいかず、結局は離転職を繰り返すことになるのではないでしょうか。

経済的に困窮している場合、就労支援の前にまず福祉制度につながる必要も出てきます。ただ、日本の社会保障制度は諸外国に比べると脆弱《ぜいじゃく》です。十分な収入保障を受けながら、研修プログラムに参加したり、就職活動ができる制度の整備が必要だと思います。逆境的小児期体験（Adverse Childhood Experiences：ACEs）をして育った方、また地域のコミュニティが解体されてしまった結果、対人関係の経験が少ない若者も多く、自身の感情のコントロールに課題がある場合もあります。精神的に不安定になりやすく、就労支援の前にまず「心のケア」が必要です。

しかし、「就労支援」の枠組みだけでは、あくまでも間断なく働き始めることが前提になっていて、社会も「学校を卒業したらすぐ働くものだ」という価値観が根強く、またご本人もその価値観を内面化しており、就労することを一番のニーズとして来られているので、そうした心のケアの必要性をお伝えした時点で、その後相談に来られなくなってしまう方も多いです。

感情のコントロールを身につけていくためには、安心安全な場で自分を表現したり、さまざまな体験をすることが必要です。他者と交わりながら、肯定され、時には否定もされながら、自分の感情をコントロールして何かを成し遂げるというプロセスを踏んでいく。そのプロセスの中で、自信が芽生えたり、社会とうまく距離が取れるようになっていくのではないかと、これまでの支援の経験から考えています。家族などの親密圏は安全、その外は全員が「恐怖の対象」というような捉え方だったのが、「ここにいても大丈夫」という安全圏が少しずつ広がって、そのうちに会社という場所も、怖くなくなっていきます。

1日8時間、週5日働く、フルタイムの就労までかなり距離がある方もいます。一度、地域の学習支援をしている団体に有償ボランティアとしておつなぎしたことで、精神的に安定したということがありました。フルタイムではないけれど、家族以外の地域コミュニティへ所属でき、また収入も得られ、誰かの役に立つことができる、そういう経験を通じて安定していかれたのではないかと思います。企業でのフルタイム就労に適応してもらうことも大事な支援ですが、そのためにも生活や心の基盤となるネットワークを構築していくことも重要です。私たちは働いて賃金を得ることで生活の基盤を築くという規範の中で生きていますが、その前提を疑って、個々の特性に合わせた生き方ができるような社会にしていく必要があると思います。

個々の特性に合わせた支援も重要ですが、先にお話しした通りに、経済的基盤を安定させられるように、社会保障を整備するなど社会全体の仕組みも変えていく必要があると思います。「賃金が上がらないなら転職したらいい」という意見もありますが、率直に「無理だよ」と思います。それができるならやっているんです。「多様性」という言葉があらゆる分野で使われるようになっています。ただ、今言われている「多様性」というのは、社会側から見て都合の良い「多様性」なのではないでしょうか。「多様性」の前に、個別性を見ていくべきではないでしょうか。努力したらできること、努力してもしんどいことなど、一人ひとりに対して丁寧に聞き取りをしたり、体験機会の提供を通じて、直面している課題を多角的に把握していく必要があります。一人ひとりの個性を発揮できた結果として、初めて多様性が実現するのだと思います。

今の社会情勢を見てみると、仕事が高度化してきています。技術革新のスピードも早く、仕事として求められるものがどんどん変わっていくため、当然必要とされるスキルや体験も変わってきます。また、社会の変化に合わせて、貧困の概念も変わっていくはずです。例えば「スマホを持っているなら貧困じゃない」と言う人もいますが、スマホがなくても生活できた、大人たちが生きてきた時代の価値観や基準で判断しているのかな、と思います。「経済的支援をするなんて贅沢だ、働けばなんとかなる」ではなく、社会の変化のスピードが早くなっていたり、地域社会の衰退により若者の成長に必要な体験の機会が減っている現状に合わせて、社会をつくる私たち大人自身が、社会の捉え方を変えていく必要があるのではないでしょうか。

＊

現場で就労支援をしている寺戸さんの話からは、貧困層が労働によって所得を築いていく上で障壁となっている問題が浮かび上がってくる。まず、離職者や定職に就けない人が腰を据えた就職活動をするには、そもそも経済的基盤が必要であること。寺戸さんが「お金をもらいながら仕事を探すということができるようになる必要がある」と言うように、頼れる実家や経済的援助が受けられない人が生活を安定させながら就職活動をするための制度が必要だ。

もちろん雇用保険に入っていれば失業手当を受給できるが、それには離職の日以前の2年間に12カ月以上の雇用保険の被保険者期間があるなどの条件があり、短期離職者などはこの制度を利用できない。短期離職者こそ失業手当のような制度が必要なはずだが、就活に専念するための収入が得られないのは、社会制度の欠陥だろう。

また、障害者が働ける場所はいまだに非常に限られており、「フルタイムでマルチタスクをこなせる」という社会が設定した高すぎる前提条件を満たせない人が、安定した収入を得ていくのは難しいのが現状だ。中にはさまざまな特性やハンデがあっても、その人の得意な分野に特化した仕事内容を割り振り、独自の評価制度で評価することで、働き甲斐《がい》や経済的自立を確保するということを実現している企業もある。障害者雇用や作業所の待遇改善、障害を持っていても働くことで生きがいや自己実現をしていける社会作りは、今の社会に重要な課題だと感じる。

「境界知能」など知能指数にハンデを抱えた人、虐待等により対人関係に問題を抱えた人など、安定的な労働が難しい人たちが経済的に困窮しないためには、寺戸さんが「私たちは働いて賃金を得ることで生活の基盤を築くという規範の中で生きていますが、その前提を疑って、個々の特性に合わせた生き方ができるようにしていく必要がある」と指摘しているように、そもそも給与所得のみで自立を獲得するという前提自体を捉え直していく必要もあるだろう。

障害者雇用が、障害年金を受給してもなお生活できるかギリギリの給与水準であるという問題にも通じるが、できる作業・働ける環境が限られる人が困窮しないためには、適正な賃金が支払われる仕組み作り、所得を築く能力を最大化する支援と共に、所得以外で経済的に自立し、労働以外で社会と関わっていくための支援も必要なのではないか。

最後に、インタビューした玉木さんは東京、寺戸さんは大阪と都市部の支援機関で働く人であり、地方・地域によってはＮＰＯなどの支援機関がないところも多いことは申し添えたい。玉木さんが言うような「勉強に取り組む前に空腹で落ち着きがない子どもたち」、寺戸さんが言うような「仕事に就く前に社会とうまく関われない若者たち」は全国各地にいるだろうが、その中で支援機関にたどり着けるのはごくわずかだろうとも思う。

「弱者」が優遇されている？

困窮する非正規労働者の記事がオンラインに上がると、必ずと言っていいほど、「嫌なら転職をすればいい」「資格などを身につけないでお金をもらえないは甘えだ」「正社員に比べて責任も残業もないから当然」というコメントが付く。

その仕事に就いたほうが悪い、という理屈である。

しかし、たとえ誰かが転職して去ったところで、また代わりに誰かがその待遇で働かなければならない。保育士や介護士など、その職業がなければ生活が成り立たないほどの需要があっても、低賃金という職業はたくさんある。求められる能力や労働に関わらず、生活に困窮するレベルの賃金で働かざるを得ないことが問題視されるべきだろう。

労働政策研究・研修機構キャリア支援部門主任研究員、日本キャリア教育学会会長である下村英雄氏は、『社会正義のキャリア支援―個人の支援から個を取り巻く社会に広がる支援へ―』（図書文化社、2020年）の中で、世間が想定する「普通」から外れた人々へのキャリア支援の必要性について言及している。

仮に、高校1年生の在籍者数をざっと100万人とした場合、高校・大学を無事卒業し、正社員として就職し3年間勤め上げるのは約20万人に過ぎません。そこに至る前に、高校や大学を中退したり、そもそも大学に行かなかったり（行けなかったり）、就職できなかったり、就職しても数年経たずに退職してしまうということが起きます。問題なのは、いわゆる「普通」の進路を歩まない人の中には、もともと経済的・社会的な条件に恵まれなかった人が多く含まれるという点です。いろいろな事情から、経済的に余裕のない家庭に育ったり、十分に社会的な支援が受けられなかった人は、いわゆる「普通」から外れていく可能性が高くなります。

同書の中では社会の普通から外れた社会正義のキャリア支援の対象者として、「移民、難民、外国人、シングルマザー、ＬＧＢＴ、若年者、高齢者、障害者、非正規就労者、公的扶助受給者、低賃金者、失業者、無業者、未就職者、学校中退者、低スキル・低学歴の就労者、受刑者……」が例として挙げられており、これらの人を下村氏は「周辺に追いやられた人」「端に捨て置かれた人」と表現している。今の社会では、「普通」の人を想定した仕組みとなっていて、そこから外れた人々は支援がなければ、キャリアを築き所得を得ていく上で困難が生じる。

職業の問題、キャリアの問題は、常に、社会経済の動向、労働市場の動向、雇用情勢などが関連しています。そのため、個人の問題として対応しようとしても、自ずと限界があります。個人の外側に、その原因となる多様な要因が分厚く存在しているからです。

キャリアや雇用の問題は決して個人の意思や選択によってコントロールできるものではない。収入に関する自己責任論は、みんなスタートラインが平等で、努力や能力に収入が正比例する場合にのみ成り立つだろう。しかし、実際は努力や能力に収入が正比例する社会ではない。

報酬を得ている人、持てる者、富を集めた人間が、果たして純粋に本人自身の頑張りのみによって、それを得たのかということです。……それなりに努力もしたでしょうが、運が良かった面も否めないでしょう。けっして、応報的正義が前提とする単純な因果応報が成り立つとは言えません。

「応報的正義」については、「頑張った人は頑張った分、報酬を得る。一方で、頑張らなかった人は頑張らなかった分だけ、報酬が減るというタイプの正義です」と説明されている。

同じ人でも働く会社が変われば大幅に年収が上がる、または下がることは往々にしてある。最近では日本の賃金が上がらず、海外に出稼ぎに行く人が何度かメディアで特集された。日本と同じ職業でも、年収は2~3倍以上にもなるという。能力は同じでも、環境次第で賃金は大きく違ってくるのが現実ではないだろうか。

さらに、大企業の下請け会社が低賃金ということもよくある話だ。日本の大企業が海外の工場に支えられており、工場で働く人が低賃金や劣悪な労働環境で働いているという場合もある。例えば、高給取りと言われるテレビ局だが、番組を制作する下請けの制作会社の社員は低賃金で働いている。テレビ局に出向し、同じ職場で同じ業務をこなしたとしても、賃金に大きな格差がある。誰かの高収入の背景には、他の人が搾取されているという現実が隠れていることがある。

高所得でたくさん納税している人は偉い、低所得の人は努力していない、納税していないのに支援だけ受けられる。そういう意見は一定数あるが、安く買いたたかれた人の労働によって社会が成り立っていることを見落としているのではないだろうか。そもそも正当な対価を受け取っていない可能性も十分にある。

先ほど紹介した藤田早苗氏の『武器としての国際人権』において、国連の人権高等弁務官事務所による「人権」の説明が記されている。

生まれてきた人間すべてに対して、その人が能力を発揮できるように、政府はそれを助ける義務がある。その助けを要求する権利が人権。人権は誰にでもある。

政府は、本来その人が持っている力が発揮される環境を作る義務があると言えるだろう。例えば、障害を持つ可能性は誰にでもあるが、障害者が働ける職場は限られており、低収入に陥りやすい。

厚生労働省職業安定局障害者雇用対策課地域就労支援室が行った「平成30年度障害者雇用実態調査結果[*19]」によると、ひと月あたりの給与は身体障害者が21万5000円、知的障害者が11万7000円、精神障害者が12万5000円、発達障害者で12万7000円となっている。寺戸さんの話にもあった通り、障害年金を足して、初めて生活できる水準だ（障害基礎年金2級の場合は年額81万6000円＋子の加算額、令和6年・昭和31年4月2日以後生まれの場合[*20]）。

例えば発達障害等の人が特性を生かせるように配慮した企業もあるが、そうした取り組みはまだまだ一部だ。精神障害や知的障害、発達障害や境界知能（知能指数が平均と障害の間に位置する人）などが不利益を被ることなく働き、収入を得て、キャリアを形成していく社会にしていくためには、個人の努力だけではなく、政府の働きかけが必要不可欠だろう。

「まとも」「普通」に生きられなかった人への想像力を

近年、広域強盗事件が日本中で大きな問題となった。この事件に限らず、いわゆる闇バイト問題と言われ、まとまったお金がもらえるアルバイトと聞いて応募し、詐欺や強盗に関わっていく若者が後を絶たないという。アルバイトに応募したあと、犯罪に加担させられ、逃げ出そうとしても暴力や恐喝で支配され、そのまま続けさせられるという構造も指摘されている。

闇バイト問題は社会問題となっており、それに伴い、「貧困と犯罪」についても議論が活発に行われるようになった。ＮＰＯ法人「ＰＯＳＳＥ」代表で、貧困問題に取り組む今野晴貴《はるき》氏は「この問題には経済的な背景があることも見逃すことができない」と指摘する。

その中で非常に気になるのが、「まともに生きていれば」「真面目に生きていれば」犯罪に手を染めることはない、という言説だ。どれほど悲惨な環境でも犯罪に関わらなかった人が偉いのだ、と言う人が少なくない。多くの人の中に、犯罪を行う人と自分は絶対的に異なる存在である、という線引きがあることが窺《うかが》える。その気持ちはよくわかる。被害を申告しても、警察が受理するには大きなハードルがあるし、起訴まで至ったとしても、被害に見合った判決がおりないことも多く、司望への絶望は深まるばかりだ。犯罪は被害者に生涯にわたりさまざまな傷を植えつける絶対に許されない行為であるし、私自身、強盗や詐欺に手を染める人の気持ちは正直全くわからない。多くの人にとって、犯罪者は理解できない、理解したくもない遠い世界の存在なのだと思う。

ただ、自分が想像すらできないような境遇は存在するし、自分が犯罪に関わらなかったことが、自らの努力や真面目さゆえだと断じるのは少々傲慢な気がする。同じ境遇でも犯罪に関わらなかった人だけが偉いというが、誰一人として「同じ境遇」ではないはずだ。他人の育った環境、親子関係、人間関係、背負ったもの、それらを簡単に推し量れるはずなどない。「まとも」とは、「真面目」とは、いったい何をもってそう言うのだろう。

失業者や低所得者にも、「真面目に働いていればそうはならない」といった主旨の言葉がよく投げつけられる。そうならざるを得ない事情を、「普通」に生きてこられた人が推し量ることはとても難しい。私自身、貧困家庭で育った体験をまとめた著書への感想で、「こういう状況だと犯罪に走るケースも多い。筆者はそうならなかったのだろうか」というものが寄せられた。その感想の主は都市部で貧困に陥る若者を何人も見てきた人物だった。

その感想を聞いたとき、ハッとした。私は地方の、しかも過疎地で育ったため、犯罪組織とは無縁だった。しかし、都市部の場合、犯罪グループは至るところに根を張っているし、少女であれば援助交際などでお金を稼ごうとすることだってある。法律上アルバイトができないが、家族からネグレクトされていて食事が摂れない、または親が無職で困窮しており仕事が必要、といった事情から、繁華街で違法に就労したり、身体を売るケースがある。唯一、居場所と呼べるコミュニティから、犯罪への誘いがあることもあるだろう。

そう思えば、自分が犯罪に関わらずに済んだのは、ある意味、運が良かったからではないかと思ったのだ。もちろん、もし都市部で育っても犯罪には関わらなかっただろう、とも思うが、それはあくまで仮定にすぎない。犯罪に関わらなかった人たちが言う「自分なら同じ境遇でもやらなかった」はどこまでも仮定の話なのだ。

極度の空腹、家族の借金、病気のあるきょうだい……そんな中、どうしても、お金が必要になったら？　残念ながら、そういうときのセーフティネットは充実しているとは言えない。追い詰められた人が適切な支援につながり、正しい情報にアクセスできるとは限らない。そんな人を食い物にする犯罪者がいるのだろう。少なくとも、貧困を背景に犯罪に関わった人を断罪し、切り捨てるだけでは、犯罪は減らないだろう。

この問題に限らず、「自分には想像も及ばない境遇の人がいる」という想像力は必要だ。「貧困でも大学に行って、いいところに就職した人はいる」「病気や障害があっても前向きに生きている人がいる」そうやって人は条件を簡単にひとまとめにするが、貧困と言っても無限に幅があるし、病気や障害だって重さや症状も一人ひとり違う。家族がいるのか、いたとして話が通じるか、暴力を振るってこないか、精神的に支配してこないか。周りに話せる人はいるのか、頼れる大人はいるのか。人間関係は築けるのか、落ち着いて就労できるのか、安定した住居はあるのか。細かく言えば無数にあるその条件の、複合的要素によって、人の人生はいかようにも変わる。

もしかしたら、犯罪に関わらずに生きてこられたのも、経済的にある程度安定し、人間関係に困らなかったからかもしれない。たまたま犯罪者と接点がなかったからかもしれない。捕まった人たちの口からは、「お金に困っていた」「稼げると聞いた」そんな言葉が出てくる。彼らが困窮したとき、声をかける人がいれば。支援につながることができれば。もしかしたら違った人生があったのかもしれない。

そして、罪を償ったあと、職を見つけて社会生活を送れなければ、また犯罪によってお金を得ようとしてしまうかもしれない。犯罪に関わった人の境遇を想像することは、犯罪を許容することでも、加害者の肩を持つことでもない。むしろ犯罪を少しでも減らすため、被害者を生まないために必要なことだと思う。実際に犯罪者に関わる職業の人や支援者であれば、一般の人とはまた違った見方をするだろう。そうではない人が、普通に生きていれば、すれ違うことすらない属性の人のことを想像するのは限界があるかもしれない。

しかし、少しでも想像し、知ることはできるはずだ。実情をどこまで知っているかで、社会の見え方も、意見も変わる。犯罪に関わった人は、本当に不真面目さや意志の弱さだけが原因で、そうなったのだろうか。自分とは違う存在、そう切り捨てる前に、想像もできないような現実があることを、少しでも想像するべきではないか。

法務省矯正局医師で、プリズンドクターとして受刑者の治療にあたるおおたわ史絵《ふみえ》氏は、著書『プリズン・ドクター』（新潮新書、2022年）の中で以下のように述べている。

じっくりとカルテの成育歴を読んでいると、ほぼ全例に家庭環境の問題が記載されていることに気づく。

両親が健在で経済的にも恵まれている家庭はほとんどないと言っていい。

両親の離婚後に母親に引き取られたものの、その再婚相手の養父から性的虐待を受けていた少女。実父はやくざ者で刑務所に入っており、実母は消息不明となって祖父母の家に身を寄せていた少年。両親はおろか祖父母すら頼れる環境になくやむを得ず施設で暮らしてきた子。ここにはまるで映画みたいな環境で育った子たちがリアルにたくさんいるのだ。

矯正施設で診察を始めてからというもの、どんな風に生まれ落ちたか、どこでどうやって育ったかが人間にとってどれだけ重要かを思い知らされている。それが犯罪へと繋がっていくことを痛いほど教えられたのだ。

人生が平等だなんて、まったくの嘘だ。

裕福と貧困、明晰《めいせき》と暗愚、美形と醜悪、この世に生を享《う》けた時点から、人間はすべての不平等の下に置かれている。己の努力によってそれを払拭できるひとなんて、ほんの一握りに過ぎない。

実際に受刑者たちと接するおおたわ氏の実感として、罪と生い立ちは切っても切り離せるものではないようだ。

また、30年以上にわたり事件記者をしてきた緒方健二さんは次のように述べている。

暴力団を取材する中で、犯罪に手を染める若者も見てきた。

その多くは、幼少期に親から愛情を受けられなかったり、十分な食事や教育を与えられなかったりして育ち、暴力団からの誘いで犯罪に加担するようになっていく経過をたどっていた。

警察官は「捜査して無念を晴らすことは出来るけれど、生育環境までは手が回らない」とこぼしていた。

生育環境がまともであれば、暴力団に入るようなこともなかったのではないか。育児放棄をするような親から子どもを保護し、預かる場所があれば、殺されたり、死なせてしまったりするようなことを防げるのではないか。そんなもどかしい思いが募っていた。

（朝日新聞デジタル、２０２２年8月14日）

実際に受刑者と関わったり、犯罪に関わる人を見てきた人は、生い立ちや生育環境が犯罪に結びつくという事実を、一般のひとより否応なく突きつけられるのかもしれない。実際に、「少年鑑別所に入所する未成年女子の過半数、男子では30％が虐待を受けている」というデータもある。

2019年11月、就職活動で上京した女性が羽田空港のトイレで出産し、赤ちゃんの口にトイレットペーパーを詰め、首を絞めて殺害し、公園に埋めるという事件が起きた。出産予定日は約1カ月後だった。この事件は大きな話題となり、あまりに身勝手な犯行として断罪された。この女性は、公判前の検査で境界知能であることが発覚する。三宅玲子「女子大生はなぜ乳児を殺めたか」[*21]（文藝春秋）によると、女性は出産後、「119番を押そうとしたが「9」が押せず、パニックで頭が真っ白になり首を絞めた」のだという。社会福祉士が2桁の計算式の書かれたプリントを見せたところ、「被告は計算以前に『8』『3』といった数字さえ読めなかった」のだという。

困難に置かれたとき、まずどんな行動を取ればよいかという知識、判断力は、決して良識で埋まるものではない。罪を犯す人の背景にも、こういった困難があるのかもしれない。

『ケーキの切れない非行少年たち』（宮口幸治著、新潮新書、2019年）では、正確な統計はないものの、受刑者の軽度知的障害者や境界知能を持った人たちの割合は一般より高いと推測されることが記されている。医療少年院に入所する少年の特徴として、以下をあげている。

・簡単な足し算や引き算ができない
・漢字が読めない
・簡単な図形を写せない
・短い文章すら復唱できない

こういった知的な問題だけでなく、感情の抑制や対人スキルといった部分でも問題を抱えた少年が多いという。

同書では、境界知能や知的障害などのハンデを抱えながらも、支援の必要性を周囲に理解されず、支援を受けられなかったことが、非行という結果に結びついた可能性があると指摘されている。

青山学院大学教育人間科学部教育学科教授、医学博士の古荘《ふるしょう》純一氏によれば、境界知能は、知的障害のように障害認定されず、生きづらさを抱えても、真面目に生きていないと捉えられてしまうのだという。

社会人になったとしても、「お金の管理ができない」「人にだまされる」「トラブルや犯罪に巻き込まれる」「乗っていた電車が止まったが適切な迂回《うかい》ルートを探せない」「お客さんのニーズに応えるのが難しい」といった問題に直面する方が少なくありません。（中略）

境界知能の方は、学校や社会で「自分は努力不足なのだ」というメッセージばかり受け取ってきたため、自分から「助けてください」と言うのは非常にエネルギーを要します。[*22]

先ほど紹介した『プリズン・ドクター』の著者のおおたわ史絵氏は以下のようにも言及している。

障害年金とか生活保護とか、この国にはそういった救済措置があるだろう？　と思われるだろうけれど、それらの手続きすらも自分ではできないような障害者が実社会にはたくさんいるのである。
難解で細かい書類を作って役所へと幾度も足を運ぶより、すぐ目の前のたった1個のおにぎりに手を伸ばすほうが何倍も簡単だ。

また、知的な問題ゆえにセーフティネットにつながれず、制度の網からこぼれた人は、衣食住が守られた刑務所に戻るためにまた盗みといった犯罪を犯すということがあるそうだ。障害を持たない人を標準として設計された社会に適応できず、こぼれ落ちた人々が犯罪に走ることを防ぐには、背景の理解と支援が必要ではないだろうか。きっとみんな、犯罪の被害者も加害者も生みたくない、犯罪をなくしたいという思いは同じだと思う。犯罪を許さないという思いと、犯罪を生まないために必要なことを考えることは両立できるはずだ。

「選ばない」と「選べない」は違う

最近、貧困をぼかすような報道が本当に多い。例えば、「狭小物件を好む若者」「あえて非正規を選ぶ人が増加」「若者の車離れ」といったものだ。*23

先日、ヤフトピ（ヤフーニュースの「トピックス」）に、成人式に振袖を着られないがゆえにスーツで参加したり、または参加しない選択をした人の記事があがった。ようやく、この話題がヤフトピになるときが来たか、と思ってクリックした。しかし、記事の結論は、成人式＝振袖という決まりを見直していく必要もある。ジェンダーの多様性の問題もあるから、振袖を着なくてもいいような空気作りが必要では、といったものだった。正直、思いっきりズッこけた。そこに付くコメントも、「スーツだって立派」「振袖を着ずにお金を学業に回すのは素晴らしい」といった内容で溢れていた。これってそういう話なのか？と強烈な違和感を持った。

お金がなくて振袖をレンタルできないという貧困の話と、振袖以外を着たい、または振袖を着たくないという服装の選択という多様性の話がないまぜになっている。

この「選ばない」と「選べない」をごちゃまぜにするやり方は、振袖以外のいろんな話題でも見る現象だ。例えば、お金がなくて塾に行きたいけど行けないという人に、「塾に行かなくても難関大に行った人はいるよ」と言ったり、大学に行きたいという人に「高卒で働くことだって、立派な選択肢だよ」と言ったりする。そんなんで慰められるわけがないだろう、と思う。そういう、貧困ゆえに〝選べない〟という不条理をガン無視して、それができなくてもいいよ、それも素敵だよね、なんて言ってしまうことのおかしさとグロさ。貧困ゆえに選択肢がないことを〝受け入れろ〟と暗に言っているようなものだ。

貧困家庭で育った体験を記事に書くと、親切な方から、「自衛隊に入ったら、食費や家賃も浮くし、貧困から抜け出せます」というアドバイスをいただくことがある。他の人からも、貧困家庭の子どもや児童養護施設の子どもたちに自衛隊への入隊を勧める人はいると聞く。もちろん、それが心からの偽りのない善意だということはよくわかる。しかし、私たち人間には、「職業選択の自由」というものがある。自ら自衛官を志すなら何の問題もないが、お金がないがゆえに自衛官になるとしたら、それは本当に自主的な選択と言えるのだろうか。

生い立ちによって選択肢が限られることに、この社会は鈍感になりすぎていると思う。

しかしおかしいと言えば、たちまち、「贅沢だ」「わがままを言うな」「仕方ない」「我慢して受け入れろ」と非難される。苦しい生い立ち・環境の中でも自分の運命を受け入れて立派に生きている人だっているのだから、と。

でも、おかしなものはおかしい。誰だって望めばある程度の機会は得られる社会のほうがいいに決まっている。

貧困層が夢を持つことさえ、この世は贅沢だと言う。貧困なんだったら、やりたいことではなく、やりたくなくても安定的で堅実な仕事に就きなさい、と。その意見はきっとある意味で正しい。でも、職業選択の自由は、生い立ち如何によって歪《ゆが》められてはならないはずのものではないか。

振袖の話に戻ると、やはりお金がなくて、本当は着たいけど着られないという人に、「振袖を着なくてもいい雰囲気作りが必要」「スーツもいいよね」なんて言うのはあまりに的外れで残酷だと思う。スーツがどうこうではない。振袖もスーツもという選択肢もあった上で、自分の意志でスーツを選ぶのと、お金がなくてスーツ〝しか〟選べなかったのを一緒にするな、と思う。

そういう、「～もいいよね」「○○以外も素敵だよ」はいろんな選択肢がある層に言えばいい。「選ばない」のと「選べない」のとでは天と地ほどの違いがある。私は振袖を着られずにリクルートスーツで参加した。中には、お金がなくて振袖を用意できないため、成人式を欠席する人もいる。8年経《た》った今でも、成人式のニュースを見ると胸がチクリとする。私にとって、それは圧倒的マジョリティが手にする「当たり前」を、経済的な理由で手にできないことを思い知らされる象徴的な出来事だったからだ。

もし私が、自分らしい格好で行こう！　と、例えばオーダーメイドで仕立てたスーツで参加したならまた話は違っただろう。でも、そうではなく、お金があればやはり着物を着たかった。それができなかったから、晴れ着で埋め尽くされた会場で、気配を消して参加した。もし、「振袖をレンタルせずスーツを着るのも素敵」「お金を他のことに回して偉い」なんて善意で慰められたら、余計にみじめになったと思う。「そんなに振袖が着たいならバイトしてお金を貯めればいい」と言う人もいるけど、実家の援助なしで、奨学金とアルバイトで大学に通うだけでも精一杯。レンタル代を学業に回すとか回さないとかではなく、そもそも余剰と呼べるお金はないのだ。

振袖を着ている人は普通に大学に通い、その上でレンタルしている人も多いのだから、お金の使い道どうこうではなく根本的に生まれ育った家庭の経済状況の話だろう。


最近のニュースを見ても、貧困ゆえに選べない、または一見本人の選択に見えても、実は低賃金などの理由から消極的選択をしているケースを、あたかも価値観の多様化、嗜好《しこう》の問題に見せ、すり替えている、またはごっちゃにしているものがよくある。

例えば何度もメディアがしつこく報道している「風呂なし物件をあえて選ぶ若者」というのもその最たる例だろう。

貧困と嗜好の問題、混ぜるな危険である。本当はもっと所得が上がれば見えてくるであろう選択肢を無視して、主体的に選んでいる、という印象操作をするのはかなりたちが悪い。

今、賃金は上がらずに電気代や物価は爆上がりする中、生活が苦しくなっている人は大勢いるだろう。そんな現実に蓋をするかのように、「こういう価値観が流行《はや》っているんです」「そういう選択肢も素敵ですよね」という切り取り方の記事が増えていることに、不気味さを感じずにはいられない。不都合な真実を隠すためのプロパガンダだと言えるだろう。

「健康で文化的な最低限度の生活」をしたいと思うのは、そもそも贅沢ではない。上を見ればきりがないから、自分の置かれた状況で幸せを見つけるのが賢い、なんて意見もよく見る。確かに隣の芝生は青く見えるし、他人と比較し続けることでは満足が得られないのかもしれない。でも、そもそも一人暮らしで普通の生活を送るのに必要最低限の収入が足りないのはどう考えても健全ではない。お金があれば幸せとは限らないが、最低限のお金がなければ幸せ云々《うんぬん》なんていう段階にまずいけない。手取り15万円やそれ以下では、たとえやり過ごせても貯金や文化的な生活には手が届かないだろう。

身の丈に合った幸せを見つけろ、貧しくても足りることを覚えよ、という一見まともらしい言葉に騙《だま》されてはいけない。そう言いながら彼らは最低限以下の生活を正当化し、なぜ多くの人が低賃金で働かざるを得ないのかという問題を透明化するのである。

改めて言うが、選ばないと選べないのとでは天と地ほどの差がある。同じ選択でも積極的選択と消極的選択はまるで意味が違う。選べない場合、実質的に選択肢は奪われている状態なのだ。

見えない格差――①文化資本

なぜ、猛烈な低所得者バッシングが繰り返されるのか。その理由はいくつかあるだろうが、私はその一つに、貧困の解像度の低さがあるように思う。これは、貧困を経験したことがない人に貧困がわかるわけがないというような単純な話でもない。貧困状態を経験したとしても、または渦中にあるとしても、貧困という事象を理解するのは難しい（もちろん身をもって経験することでその困難さは実感を伴うが）。

貧困状態にある人がそこから抜け出すためにも、貧困支援に対する社会の理解を進めるためにも、貧困によってどんな現象が起きるのか、どんな状況に置かれるのかを知る必要がある。貧困は大学に行けば、就職すれば断ち切れるというほど単純ではない。文化や習慣、知識や思考の乏しさ、いや、それが奪われる状態こそ、貧困というものなのではないだろうか。食べるものや着るもの、住む場所がないといった「見える貧困」よりも、「見えない貧困」のほうが認識しづらく、理解されにくい。

なぜ貧困が連鎖し、抜け出せないのか？　問題を理解するためには、見えない貧困を知る必要があると感じる。見えない貧困の中でも、特に注目しているのが、文化資本格差・非認知能力格差・貧困税だ。

文化資本とは、お金以外の資本のことである。物だけでなく、価値観や行動様式、習慣などもそれにあたる。一般家庭と貧困家庭には、経済的格差だけではなく、文化資本格差が存在する。

一般家庭と貧困家庭に存在する文化資本の違いを、実際に貧困家庭で育った体験から少し説明したい。私は、意図せず「越境」した。まず、最初の越境は高校で進学校に進学したこと。進学校に行くと、中学までいた自分と同じ貧困家庭の子どもはいなくなった。同級生の親は、地方で言う手堅い仕事のレパートリーである、医療従事者・公務員・銀行員といった仕事に就いていた。両親が大卒は当たり前だった。親が大卒ではなく、さらに非正規という私は、完全に異分子だった。そして、関西の公立大学に進学すると、さらに周囲との違いは鮮明になった。両親が大卒であることはもちろん、中学受験をしている、塾や家庭教師、習い事を経験、滑り止めに私立大学を複数受験しているなどは珍しくもなく、むしろそれがデフォルトでさえあった。

違いは親の職業や世帯収入など、外面的なことだけではなかった。私が感じたのは「文化的」な違いである。

例えば、誕生日やクリスマスなどのイベントの際の外食などを欠かさない、プレゼントをスマートに用意する。PCやスマホ、一人暮らしの家具家電は安さではなく質で選ぶ、かけるべきところへのお金を惜しまないこと。アーティストのライブや映画など娯楽を楽しむこと。経済的に豊かに育つと、そういった生活を豊かにする行動、思考、習慣、文化が身につくように感じる。

さらに、一般家庭の子どもは就職を見据えて大学進学を考えていることが多かった。それは両親が大卒であり、親が就活における学歴の重要性を知っているという理由もあるだろう。

私の家庭では「大学」の話は一切出てこなかった。就活のために大学進学が必要という基礎中の基礎である前提すらなかった。しかし、周囲は高校生のとき、あるいはそれより前に、「いい会社に入るためにいい大学に行きなさい」と親から言われている。私が大学生のとき、友達になぜ今の大学にしたのかと聞くと、「私立より国公立のほうが就活に有利だから」という声が返ってきた。そして、周囲は大学生のうちに運転免許を取る、簿記や教員免許を取るなど、将来への投資を行っていた。中には、社会人になったときにどんな生命保険・医療保険に入るかを考えている子もいた。

将来に投資できるのは、実家暮らしであったり、親が学費を負担してくれたり、仕送りをしてくれるなど、経済的に余裕があるからという部分も大きいように思う。しかし、経済的な援助だけでなく、金銭感覚・金融リテラシー、将来設計が大事という価値観といった、無形の資産を親から知らず知らずに受け継いでいるように感じた。一般家庭の〝普通〟は、私にとっては〝普通〟ではなかった。彼らと接する中で感じた違いは、今思えば貧困家庭と一般家庭の違いの縮図だったのかもしれない。

一般家庭では当たり前のお年玉やお小遣いという文化が、貧困家庭にはない場合がある。もちろん家庭にもよるだろうが、周囲を見渡すとやはり家庭の経済状況とお年玉やお小遣いの有無、金額は連動していた。私の家庭や、私が住む団地の家庭では、お小遣い、お年玉はなかった。そういった「概念」がもともとなかった、と言っていい。

小学生のとき、年明けに学校に行けばお年玉をいくらもらったか、といった会話で盛り上がっていた。中には親戚からもらった総額が10万円を超える子もいた。それは少し極端だとしても、数万円というのは珍しくもない。両親からもらうのも普通、と聞いて驚いた記憶がある。私はゼロというのが恥ずかしくて、「1万円」とか適当な数字を言ってごまかした記憶がある。「何に使う?」という話もセットだったが、「貯金」と答えた子がいたのが印象的だった。「ちょきん」という耳馴染《なじ》みのない響きがなんとも、大人っぽく感じられた。

さらに、私の場合、お小遣い制度もなかった。周囲は月数千円というお金をもらい、それで欲しいものを買ったり、貯めて少し高価なものを購入する費用にしたりしていた。

もちろん計画的に使える子ばかりではないだろうし、お年玉を親が貯金してくれていたと思っていたら使われていた、なんていうのもよく聞く話ではあるが、それでも、決められた金額でやりくりする、その中から貯金に回す、こういった経験を子どもの頃から積み重ねることが、金銭感覚を育むように思う。

親から言われる「貯金が大事」という教えは、もう少し成長してから言われる保険に入ることの重要性などと同様に、子どもの価値観の形成に少なからず影響するのではないだろうか。以前取材した児童養護施設では、一般家庭の子どもとの差を埋めるため、子どもたちと職員が一緒に買い物に出かけ、予算内で商品を選ぶ体験をするという。お金をやりくりするという経験は、大人になったときの財産になるかもしれない。

見えない格差――②非認知能力

「非認知能力」とは、学力やＩＱ以外の「自己肯定感」や「忍耐力」「協調性」など、数値化しづらい力のことをいう。経済格差からくる学力の違いは見えやすいが、非認知能力は統一された指標がなく、認識されづらい。

早稲田大学文学学術院教授の小塩《おしお》真司《あつし》氏は『非認知能力―概念・測定と教育の可能性』（北大路書房、２０２１年）の中で、非認知能力を以下の15個の力に分類している。

誠実性：課題にしっかりと取り組むパーソナリティ
グリット：困難な目標への情熱と粘り強さ
自己制御・自己コントロール：目標の達成に向けて自分を律する力
好奇心：新たな知識や経験を探究する原動力
批判的思考：情報を適切に読み解き活用する思考力
楽観性：将来をポジティブにみて柔軟に対処する能力
時間的展望：過去・現在・未来を関連づけて捉えるスキル
情動知能：情動を賢く活用する力
感情調整：感情にうまく対処する能力
共感性：他者の気持ちを共有し、理解する心理特性
自尊感情：自分自身を価値ある存在だと思う心
セルフ・コンパッション：自分自身を受け入れて優しい気持ちを向ける力
マインドフルネス：「今ここ」に注意を向けて受け入れる力
レジリエンス：逆境をしなやかに生き延びる力

エゴ・レジリエンス：日常生活のストレスに柔軟に対応する力

小塩氏によると、これらの非認知能力は、経済的豊かさ、学力、心身の健康が影響を及ぼすという。

例えば「誠実性」の場合。

・10歳時点での誠実性が高いほど26歳時点において1年以上の長期間の失業状態に陥っている確率が低い。
・子どもの頃の誠実性（セルフコントロール）が高いほど、その子どもたちの32歳時点での社会経済的地位や年収が高く、また経済的に困窮している割合が低い。
・16歳時点の誠実性が高いほど、34歳時点での最終学歴や時間あたり総収入が高く、貯金も定期的にしている。
・児童期の誠実性の高さが40年後の喫煙を抑制し、主観的な健康度を高め、さらにとくに女性において肥満の抑制にも効果がある。
・子どもの頃の誠実性（セルフコントロール）が高いほど、その子どもたちの32歳時点での身体的な健康度（過体重を含む代謝異常、気流制限、歯周病、性感染症、C反応性タンパクの5指標から算出）が高く、物質依存に陥るリスクが低い。

「感情調整」の場合。

・感情調整をうまく行える園児は数え方や読み書きを正確にでき、感情調整をうまく行える小学生は算数の成績がよく、感情調整をうまく行える中学生は国語と数学の成績がよい。

この「非認知能力」という概念や定義は不完全さも指摘されており、議論の半ばである印象を受ける。しかし、安定した所得を築き、社会生活を行っていくためには、学力以外の力が必要なことは明らかだ。非認知能力は、「生きていく上で必要なあらゆる力」とも言えるだろう。社会で生きていくためには学力も必要だが、それ以外の能力も大きく生活に関わってくる。学力が親の学歴や世帯収入に影響されるのと同様、非認知能力も世帯収入や、親の子どもに対する関わり方が影響を与えることが研究で示されている。

前出の日本財団「家庭の経済格差と子どもの認知能力・非認知能力格差の関係分析―2・5万人のビッグデータから見えてきたもの―」では、生活保護、児童扶養手当、就学援助のいずれかに該当する子どもを対象に、非認知能力の調査を行った。

その結果、「貧困状態にある子どもは、非認知能力がいずれの項目でも低い傾向にある」ことが明らかになった。

一方、「保護者に対する調査の結果と学力等との関係の専門的な分析に関する調査研究[*24]」「第3章　家庭の社会経済的背景・『非認知スキル』・子供の学力」において、「家庭の所得」「父親の学歴」「母親の学歴」から算出される家庭の経済的背景と非認知能力の関連についての調査では、家庭の経済的背景と非認知能力の強い相関は見られなかったが、「子供のよいところをほめるなどして自信を持たせるようにしている」「子供に最後までやり抜くことの大切さを伝えている」といった親の働きかけが、子どもの非認知能力にプラスの影響が出ることがわかった。

生育環境が与える非認知能力については、第二部の山口教授との対談で詳しく掘り下げたいと思う。

見えない格差――③貧困税

最後に、見えない貧困として、「貧困税」という現象に言及したい。「貧困税」とは貧困だから税金を多く取られるということではなく、貧困状態にある人が結果的に多く支払いが発生する現象のことを指す。その現象の一例として、実感としてあるのは、初期投資するお金がないがゆえに、「安物買いの銭失い」のループから抜け出せない状態に陥ることだ。

例えば、私は一時格安シェアハウスを転々とする生活をして、引っ越しの手段はキャリーケースだった。底値で買うとキャスターがすぐに壊れた。就活用のパンプスも高いものは買えないので2000円ほどのものを買ったら使用回数は少ないのに塗料が剝げ、ヒール部分が折れてしまった。ある程度お金をかけた物のほうが性能は良く、長持ちして長期的にはコストを抑えられるとわかりきっていても、お金がないので底値のものを買わざるを得ないのだ。初期投資するお金がある人が長期的に見て節約に成功するし、逆に言えば初期投資するお金がない人は長期的には損をし続ける。情報を得る力や情報リテラシーは、文化資本とも、非認知能力と言えるかもしれない。その乏しさが貧困税に繋がることもある。ある貧しい人は、Ｗｉ－Ｆｉやスマホのプランでお得だと勧められるたびに乗り換え、結果違約金や契約料がかさみ、損してしまう。適切な情報を摑む力が乏しいがゆえに、結果的に必要のなかった支出が増えてしまうのだ。

さらに、お金がないがゆえに、

・健康保険に入れない
・弁護士に相談できない
・災害など有事に備えられない
・健康に投資できない
・住環境を整えられない

それらの結果として余分にお金がかかるという無限の負のループに陥ってしまう。

医療保険に入らなければ、いざというとき高額な支出で生活が崩壊しかねないとわかっていても、お金がないので入れない。体調不良でも診察代が払えないので病院に行けないということが起きる。ある貧困家庭出身の知り合いは、婦人科系の疾患を抱えていたが、診察代が払えず長期間にわたって放置した。そしていざ経済的に安定して、子どもが欲しいと思ったときに妊娠しづらい状態になっており、不妊治療に100万円以上かかったという。大事になる前に受診し治療することが必要とわかっていても、目の前の数千円が払えないのだ。

保険に入れない場合も、やはり有事のときに生活が脅かされる可能性が高くなる。日本には高額療養費制度があり、所得に応じてひと月に払う医療費の上限額が決められている。しかし、非課税者であっても3万5400円、標準報酬月額[*25]26万円以下でも5万7600円という金額を、入院や手術などが発生すれば払う必要があり、低所得者にとっては生活が揺るぎかねない金額だ。

私自身、失業し転職活動中、預金残高が10万円以下という中、突然体調を崩し入院したことがある。しかも入院したのが月末で、月をまたいで退院したため、それぞれの月で上限金額が適用されることとなった。分割払いを許してくれる病院であったため少しずつ返済したが、病院により対応も異なる。医療保険に入っていない場合、急な体調不良は命取りになると痛感した。

さらに、住環境に投資できないと、不安定な生活に陥る。一人暮らしをするには、家賃の他に、引っ越しの際に敷金礼金や仲介手数料、さらに家具家電一式を揃《そろ》える費用が必要で、数十万円の出費になる。私自身、その費用が払えず18歳から格安シェアハウスを転々とした。ドミトリータイプのシェアハウスは家賃をかなり抑えられるが、その分プライバシーもなく、住民同士のトラブルが絶えなかった。さらに、エアコンがなかったり雨漏りしたりするシェアハウスもあり、結果的に体調を崩し、二度救急搬送され入院も経験した。騒音トラブルも絶えずあり、不眠に陥った。住環境に初期投資できないがゆえに、余計に医療費がかかってしまうのだ。安定した住居を確保することは、健康に働き、生活するための最低条件だと感じる。しかし、その最低条件さえも、揃えるのはお金がないととても難しい。

また、食費を削ろうとすると、炭水化物や脂質の多い食事になり、健康リスクが高まるという現象も、貧困税と言えるだろう。野菜を中心としたバランスのいい食事を摂ろうとすれば、どうしてもお金がかかる。地方に講演に行った際、出会った医師が、「病気は社会が作るものだと思います」と言っていたのが印象的だった。安くお腹《なか》を満たせるものを選ぶと、どうしても高カロリーなものになりやすく、糖尿病などの病気のリスクを増大させるのだ。太っているのは暴飲暴食や不摂生のせいだというスティグマがあるが、貧困でも、食費を削ることによって肥満に陥ることもあるだろう。

他にもお金がないとリスクヘッジができない例として、災害時の備えがある。何度か超大型の台風が接近した際、テレビでは防災グッズを買う人たちが映された。スーパーマーケットなどが休業になったり、物流が止まることを考えて食料を買い溜めしたり、カセットコンロやランタンを購入したり。中には10万円の自家発電機を購入する人もいた。有事に備える、被害を最小限にとどめるというのも、お金がなくてはできないことだ。

住環境を整える、生活に投資する、有事に備えることは、貧困に陥る可能性を減らし、さらに多少生活が傾いても立て直すために必要なことだ。これらはある程度のお金がないとできないことばかりだ。お金がない人は、何かあればすぐに生活が破綻し、さらにそこから抜け出すことは難しい。

スタートラインは平等ではない。一人ひとり違う

自己責任論や、「所得＝努力」という考えは、みんな横並びにスタートする場合に通用するものだろう。この社会はなぜか、スタートラインが同じという前提で話が進んでいる。実際、スタートラインは一人ひとり違い、持っているアドバンテージも違う。他者の状況を把握することはもちろん、自分のことを理解することだって難しい。例えば、大学を出て社会人になったときに、数百万円の奨学金の返済を抱えている人と、そうでない人はスタートラインが同じだと言えるだろうか。

スタートラインが違うと感じる例は他にもある。虐待のサバイバーが抱える後遺症だ。株式会社ＲＡＳＨＩＳＡという会社がある。この会社では虐待の後遺症のある人に在宅でできる仕事の提供を行っている。自身も機能不全家族で育った代表の岡本翔氏は以下のように話している。

虐待を受けて育った方の中には、人とのコミュニケーションや、大きい音、人が多いところが苦手な方もいます。そういった方々は、働くうえで「普通」とされるような物事に対して、困難を抱えています。しかし、その困難が社会に知られていないため、長く働くことができずに離職が続いてしまうのです。当社は、そういった方々と業務委託契約を結んでいます。[*26]

機能不全家族で育ったり、虐待を受けて育った場合、PTSD（心的外傷後ストレス障害）などさまざまな後遺症が起きることがある。その場合には対人関係や体調、仕事にも影響を及ぼすことがある。トラウマを負った人の根本的な治療にはカウンセリングを受け、トラウマ治療をする必要があるが、トラウマ治療は基本的には保険適応外、自費診療となり、安くても月1万円ほどかかる。これでは後遺症によりフルタイムで働けず、収入が少ないため、治療も行えないという悪循環に陥ってしまう。

自分の選択と責任の範疇外で、人生に制約を受け、生活を安定させていくことが難しい人たちがいる。ゼロベースでスタートができ、頑張った分だけ前進できるとしたら、そうでない人たちよりも何メートルも先からのスタートなのだ。

例えば陸上大会で、800メートル走があったとする。Aさんは本来のスタートラインより100メートル先からスタートし、Bさんは本来のスタート地点からスタート、Cさんはマイナス50メートル地点からスタートする。しかし、ゴールは決まっていて、先にゴールに着いた人が勝者。Aさんは最新のランニングシューズでトラックを走ることができ、Bさんは普通のスニーカーで土の上を走り、Cさんは裸足でぬかるんだ泥道を走る。こんなレースがあったら、それは公平と言えるだろうか。

きっと多くの人は、Aさんはズルをしている。これはフェアではない、と言うだろう。しかし、実社会でこれが起きると、先にゴールした人が優秀だ、ゴールが遅かった人は努力が足りない、と言われる。そして、そんな条件下でも、ごくたまに現れる、オリンピック選手ほどの走力のCさんが逆転したときに、Cさんの努力は素晴らしい、同じ条件下でも遅くゴールした人は努力不足だ、条件が悪くても速くゴールするCさんもいるのだからこの社会は努力すればハンデがあっても渡り合える、と言われるのだ。異分子がもてはやされ、そこに明らかにあるスタートラインの違い、環境や条件の違いといった不平等は無視される。

「標準モデル」のレベルが高すぎる

２０２２年秋頃から、本格的な物価高が日本でも国民の生活を直撃した。それに伴ってか、節約に関する記事を数多く目にするようになった。節約の記事はもともとニーズがあり、定期的に供給されるものではあるが、電気代の急激な高騰により固定費を見直し、支出を抑えなければ生活が立ち行かなくなる人が増えたこともあったせいか、アクセスランキングにもよくランクインするようになった。

そういった記事に多いのが、「節約で貯金できるようになった！」という体験記のようなものだ。ほとんどが節約を始める前、浪費していたというもので、ある程度収入があった人が、節約により無駄をなくして貯金できるようになったという話だ。ギリギリの生活から節約で抜け出したというものではなく、ある程度収入のあった人が、配分を変えたことで貯蓄に回す金額が増えたということなのだ。

もちろん、こういった情報が一定数の人にとって有用なのは間違いない。しかし、改めて思うのは、節約はそもそもある程度の収入があることが前提ということだ。例えば手取り15万円ほどで都内で暮らしている人が、生活を切り詰めても貯蓄に回せる額は微々たるものだろう。投資に対する世間の関心も高まっているが、やはりこれもある程度収入があってこそ、そこにお金が回せる。大幅な節約や投資は低収入の人にはなかなか難しい。節約のために省エネ家電への買い替えを勧められることもあるが、性能のいい家電は値段が張る。また、二重窓や断熱材の設置なども初期投資の費用がかかるのだ。

この社会の標準モデルがあまりに高すぎる。1日8時間、週5で働くことが最低ラインとされ、さらにそこから残業もできないと、正社員として働くことは難しい。正社員だけでなく、派遣社員もフルタイムで働くことが求められる。それでも手取り20万円に行かない仕事だってごまんとある。東京で一人暮らしで安定した住居を得ようと思ったら家賃6~7万円は下らない。ボロい家やよほど立地が悪いものを選べば抑えられるかもしれないが、最低限のセキュリティや利便性を考慮すれば、7万円、いや7万5000円は必要だろう。手取り20万円以下から、社会保険料、住民税、所得税を払い、手取りの3分の1以上を占めるような金額の家賃を払い、水道光熱費、通信費、食費、生活必需品を買い、場合によっては医療費も払って、さらに奨学金を返したら、いったい手元に残るのはいくらだろう。そこから貯金や投資をして、老後にもらえるかどうかわからない年金を補填するだけの貯金をすることまで求められる。

いざと言うときのセーフティネットでさえ、標準モデルのレベルがあまりに高すぎる。例えば高額療養費制度[*27]は、「医療費の家計負担が重くならないよう、医療機関や薬局の窓口で支払う医療費が1か月（歴月：1日から末日まで）で上限額を超えた場合、その超えた額を支給する」制度[*28]だが、非課税世帯の場合の上限額は3万5400円（70歳未満）だ。果たして非課税の所得水準の人が月にこの金額を払えるだろうか。

また、失業したときに雇用保険に加入していれば受けられる失業手当も、「失業の状態ですぐに働ける方」で、「就職したいという積極的な意思といつでも就職できる能力（健康状態・家庭環境など）があり」かつ「積極的に求職活動を行っている」ことが給付の条件で、月に何回以上求職活動を行っているという条件が必要となる。

心身の不調により退職した人、就活が行えない状態の人、さらに雇用保険に入っていない人は、無職の期間、経済的困窮を避けられない。さらに、離職や廃業した場合、家賃が払えなくなって住居を喪失することを防ぐための住宅確保給付金も、求職活動要件として「ハローワーク等に求職の申込をし、誠実かつ熱心に求職活動を行うこと」という条件がある。失業給付と同様に、心身の不調で働けないという差し迫った事情の人への救済制度が機能していないのである。

社会人においては、フルタイムで滞りなく働き続けられる人が標準モデルなら、学生においては親の援助を受けられる人が標準モデルだろう。先にも触れたが、そういった前提がない人は実質的に生きていけない設計になってしまっている。

今の社会では、貧困は賢さや真面目さで防げるものであり、自助努力で抜け出せるものだ、という強固な思い込みがある。低所得者は怠惰であり、社会のお荷物である、という考えが幅を利かせている。そういった自己責任論がなくならないのは、貧困という事象への解像度が低いからだ。貧困を言語化し、客観的データにより紐解《ひもと》いていくことが、貧困を生む社会構造への理解を促し、低所得者へのスティグマをゆるめ、あまりに不十分でなおざりになっている貧困への対策を進め、貧困の連鎖を断ち切る社会になっていくために必要なことだと信じている。

第二部では、貧困という事象を専門家の視点からも紐解いていくために、対談相手として山口慎太郎教授をお迎えする。みなさまと共に、果たして私たちの人生はどれほどが努力で決まるのか？　といった根本的な問いを考える機会になればと思う。

第二部　ヒオカ×山口慎太郎

学問の最先端から見えてくる、現実を変える方法

山口慎太郎（やまぐち　しんたろう）

東京大学大学院経済学研究科教授。専門は労働市場を分析する「労働経済学」と結婚・出産・子育てなどを経済学的手法で研究する「家族の経済学」。内閣府・男女共同参画会議や内閣官房・こども政策の推進に係る有識者会議など、中央省庁や自治体の各種会議で委員を務める。また、民間企業とも共同研究を実施し、女性活躍や男性育休取得推進などの分野でアドバイスを行う。日本経済新聞、NHKなどの主要メディアで、経済や社会問題、政策について多数のコメントを提供。『「家族の幸せ」の経済学』（光文社新書）で第41回サントリー学芸賞を受賞。『子育て支援の経済学』（日本評論社）で第64回日経・経済図書文化賞を受賞。2021年に日本経済学会石川賞受賞。

「非認知能力」の格差とは

ヒオカ　この本では、見えない貧困を掘り下げることで、貧困への解像度を上げられたらなと思っているんです。見えない貧困の逆は見える貧困で、衣食住がままならないといったわかりやすい貧困です。でも実際は、貧困の連鎖というのは、見えない文化や習慣の格差というのが受け継がれるがゆえに起こると思うんです。見えない貧困というのは、非認知能力や文化資本の乏しさ、元手がなく、初期投資できないがゆえに負のループが続く貧困税という現象だと思っています。まず、非認知能力についてお聞きしたいです。

山口　長らく、頭の良さこそが人生の成功を決めるという発想があり、そこに大きな関心が集まっていました。実際に学力・IQと将来の所得の相関が強いのは間違いありません。一方で、コミュニケーション能力や、自分で計画を立てて困難があってもやり抜こうとする力など、頭の良さ以外のそうした能力を総称して「非認知能力」と呼び、この力も重要ではないかと考えられるようになったんです。嫌なことがあったときにどう消化するのか。自分の中で綺麗《きれい》に折り合いをつけるのか、それとも物を壊すとか、人に当たる形で外在化問題行動を取ってしまうのか。人や物に当たると他人とうまく関係が築けなくなってしまうので、本人にも大きくマイナスになるんですね。

ヒオカ　先生の著書を拝見すると、「社会情緒的能力」という言葉も出てきます。イメージとしては、非認知能力の中に、社会情緒的能力が含まれるという感じでしょうか。

山口　非認知能力と言ったときに、あまりに広すぎるんです。

ヒオカ　学力以外の能力全部ですもんね。非認知能力とされるものの中には、認知能力と呼べるものもあるのではないかと、その定義に懐疑的な専門家の声もよく聞かれます。非認知能力の定義や概念についてはまだ議論が半ばという感じがしますね。

山口　「非認知能力」とは何なのかと、初めてその言葉を目にした頃から疑問に思っていたんです。非認知能力と言ってもいろいろある中で、どの非認知能力が特に重要なのかを考えると、社会情緒的能力の部分ではないかと思うんです。「ソシオエモーショナルスキル」といって、ソシオの部分は社会を指すので他人と接していく能力、エモーショナルの部分は感情のコントロールの部分ですよね。それを日本語で言うと、「社会情緒的能力」と表せると思います。他者との関わりにおいて、ネガティブな感情を抱いたときにうまく折り合いをつけてコントロールしていくことを指します。

ヒオカ　一番は他者との関わり、集団の中での在り方の非認知能力が重要ということですね。非認知能力についていろいろ調べましたが、研究者や機関によっても定義が変わってくるんです。本人の非認知能力が家庭の所得と関係あるのか？　というのを見たときに研究によっても違って、ばっちり関係あると言い切れない部分もある。ただ、どう考えても家庭環境は少なからず影響しているだろうと思います。

山口　非認知能力と言っても、それが指す範囲が広すぎるんですよね。指しているものによっては家庭環境が影響しそうだということなんですけども。

ヒオカ　子どもの非認知能力の種類によっては家庭の所得が関係ない部分もあるんですけど、ただ、多動性や攻撃性などは、家庭環境の影響がありそうですね。

山口　相関は結構はっきりしています。たぶん、知能や学力ほどの強さで相関してないという意味で、〝あまり関係していない〟という表現をする人がいるのかなあとは思いますけど、相関自体ははっきりしていますよね。家庭環境、所得、親の職業、学歴と子どもの非認知能力はかなり強く結びついていますね。[*1]

ヒオカ　非認知能力の調査の項目では、だいたい子どもの学力、親の学歴、所得というのが出てきます。親の学歴が高いと、家庭の所得も高い傾向になるし、親の所得が高いと子どもの学力も高くなるというように、結局は親の社会的立場や所得というものが、すごく子どもに影響を与えるような感じがしますね。

山口　何か一つだけ見るんだったら、学歴かなという気がします。さまざまなものが学歴に要約されているんです。必ずしも学歴や学力が重要ではないみたいな言い方もされることがあって、それはその通りなんだけど、教育はいろんなものに密接に関わっているんですよね。

ヒオカ　学歴が一つの指標というのはそうだろうな、と思います。学歴が社会的なステータスや収入に大きく関わってきますから。本人に忍耐力とか集中力があるのかという性格的なところにも少なからず影響してきそうです。学歴が高い親は教育への関心も高いだろうし、情報も集めるでしょうし。

「非認知能力」は後天的に身につけられるか

ヒオカ　先生が紹介してくださった小塩真司氏の『非認知能力─概念・測定と教育の可能性』に「認知能力は遺伝による部分が大きいために教育や環境によって変わりにくく、それに対して非認知能力は環境によって変化する部分が大きいことから、教育や子育ての介入によって変化することが期待されているのだろうと考えられます」という記述がありますす。やっぱり学力やＩＱなどの認知能力は遺伝的な部分が大きい。でも、非認知能力というのはある意味、後天的に変えていけるというのは少し希望も感じました。

ただ、「遺伝か環境か」というのは繰り返し議論に上がるテーマですが、結局、遺伝も育つ環境も、どっちも親が鍵を握ってしまっているのも事実です。子どものコミュニケーション能力などは親の影響を受けるというのは想像しやすいというか、そうだろうなと思いましたね。

山口　ＡＤＨＤ（注意欠如・多動症）がわかりやすいと思います。これも非認知能力に関わる特性の一つとして捉えられるんですが、脳に何らかの特徴があるのが一つの前提としてあるんですよね。ただ、これが実際に社会の中で問題が生じるか、発症するかは環境によるんだそうです。環境と遺伝の二つがかけ合わさって相互作用として症状が出てくるという理解がされているんですね。

社会的・経済的地位の高い家庭に生まれたお子さんが、ひょっとしたら先天的に脳に何らかの特性を持っているとき、落ち着いた環境で育っていると、その影響が出てきにくいということは言われているので、環境は関係あるんですよね。遺伝的に何か潜在的な問題を抱えた子であっても、落ち着いて過ごせるような環境を用意してあげることができれば、生きづらさを抱えないまま生きていくことができるわけです。

一定の時間、保育所なり幼稚園なりに来て、みんな同じように先生が見てくれる環境で育つことで、好ましくない家庭環境であってもそこから離れられるわけです。そうしたことがすべての子に実現されるように、教育制度を整える必要があるんだと思いますね。

ヒオカ　『「家族の幸せ」の経済学―データ分析でわかった結婚、出産、子育ての真実』（光文社新書、2019年）でも出てくる「ペリー就学前プロジェクト」というものがあります。3～4歳の低所得の黒人家庭の子どもたちを幼稚園のような施設に集めて、週あたり12～15時間ほど教育を受けさせ、週一回の家庭訪問と子育てについてのアドバイスも行った。このプロジェクト[*2]は、経済的に恵まれない子どもに対して行ったときに、IQや学力テストの点数、非認知能力を上げる、さらに大人になったときの就業率や労働所得を上昇させ、社会福祉利用率を下げ、警察に逮捕される回数を減らすなどの効果が出たそうですね。[*3] 逆に恵まれた層に行っても意味がなかったということは、マイナスをゼロにする力があるということですよね。ということは、恵まれない環境で育っている時点で、非認知能力を育んだり、攻撃性・多動性を抑えていくような環境が不足しているというふうにも捉えられます。

山口　それはその通りだと思います。

ヒオカ　「ペリー就学前プロジェクト」では、プログラムを受けた子どもに40歳まで追跡調査を行ったそうですね。

山口　幼児教育は、社会福祉依存になるかどうかや、失業率、犯罪率にも関係するんですよね。[*4] こうした傾向はアメリカのみならず、日本でも確認されました。私たちの研究グループで、１９６０年代に行われた幼児教育改革で幼稚園就学率が上がった結果、その後の少年犯罪率が減少していました。[*5]

ヒオカ　犯罪も生育環境は関係ありそうです。広域強盗事件が世間を騒がせましたが、若者が高額バイトに引っかかって詐欺グループに加担してしまうということが取り沙汰されていました。事件が話題になるにつれ、犯罪組織に取り込まれてしまう若者の背景には貧困があることも指摘されたのですが、世間の風潮としては「どんな理由があろうと犯罪に加担するなんて理解できない」「とんでもないやつらだ」と断罪する傾向がすごく強かった印象です。

犯罪のすべてではないですが、貧困だけでなく、発達の部分が背景にあると指摘されることもあります。犯罪をしない人の常識からしたら、〝あり得ないやつら〟なんだけど、向こう側の常識からすると、善悪の区別がそもそもなかったりとか、犯罪はいけないという認識や感覚が生育環境の中で育たなかったりした部分もあるのではないかと思います。

山口　子どもの頃から攻撃性のある子は、大人になっても乱暴で犯罪に結びついてしまうのはよく知られていますので、それを早めの介入によって悪い方向に行かないように抑えていくというのはすごく大事なんですよね。その第一歩が幼児教育かなと思います。

ヒオカ　非認知能力をマイナスからゼロにする支援が得られなかった場合、社会に出たときに犯罪率や失業しやすさにつながったりするということですよね。今の社会は、失業したり所得が築けなかったりすると、すごく責められます。それはその人の努力が足りないからなんだ、と。完全にゼロベースで競争が始まると思ってる人たちからすると、所得の低さは自己責任になりやすいんです。

でも社会で生活し、所得を築いていく上で重要な非認知能力に家庭環境が大きく関わっているという話を聞くと、努力はもちろん関係はあるでしょうが、それ以前に生育環境によるところも大きいのではないかと思います。

山口　スタート地点に立つ前にもうだいぶ差がついてしまっているんです。18歳で成人になることを考えたとしても、その前の段階で、もっと言うと小学校に入る前の段階で、だいぶ差がついています。親として子どもの教室に入ったことがある人なら、わりと容易にわかる。「え、もうこんなに」っていうぐらいすごく差がある。

保育所利用の問題点

ヒオカ　非認知能力の養成には、幼児教育が必要で、そのためには保育所の利用が重要になるとのことですが、保育所って、所得が高いほど利用率が高いんですか？

山口　所得が高いほど、保育所の利用率は高いです。なぜかというと、保育所を利用するためには、実質的に両親共働きが前提なんですよ。さらに、都市部だと、待機児童があったりするので両親フルタイムであってほしい、そうじゃないと、ほぼノーチャンスだというふうになってくる。

ヒオカ　親の就労状況などの世帯状況をポイント化した点数によって優先順位が決まり、優先度の高い順に入園が決まるんですよね。

山口　利用調整という制度があります。男性フルタイムはかなり多いですが、女性だとフルタイムの仕事に就けるとは限らない。しかし大卒なら、女性でもフルタイムの仕事を見つけやすい傾向があります。加えて、利用調整の仕組みは結構複雑で、どうするとポイントが高くつくのかを理解して、有利になるように行動に移す必要があるのですが、これは結構大変です。しかし、大卒者にはそれができる人が多い。能力が高いほど、保育所を使いやすくなっています。結果的に本当に困っている人よりもいわゆる「パワーカップル」みたいな人が優先されてしまうというのは、福祉としては問題だなと思っていますね。[*6]

ヒオカ　少子化対策って「パワーカップル」、つまり所得の高い正社員のカップルを想定していると言われます。[*7]「貧困なら子どもを産むな」という言説って、結局そこにつながってくるなと思います。「パワーカップルこそ子どもを産め」という意見があるし、社会の設計としてもそれを推すようなものになってしまっている。結局、非正規の人の子どもが減って、パワーカップルの子どもが増えていく社会につながっているんじゃないかと思います。保育所の利用もパワーカップルが有利ということは、貧困状態の人は利用しづらいということですよね。

山口　貧困状態の人はそもそもフルタイムの仕事を見つけられない状況があります。誰もが自由に自分の就きたい仕事に就けるわけじゃない。過去の生まれとか育ちの問題があってフルタイムの仕事に就けないと、保育所すら使わせてもらえないような状況が長く続いていました。もっとも最近では、待機児童の問題は小さくなってきましたが。

学歴が高いと、しつけの質も高くなる理由

ヒオカ　山口先生の『「家族の幸せ」の経済学』では、学歴が高いほど、しつけの質が高くなるというデータ[*8]が出てきます。なんでそういう傾向になるのかなというのが素朴な疑

問としてあります。学歴が高い＝安定した家庭＝情緒の安定＝子どもに感情より理性で接するという因果関係かなと予想しますが。

山口　基本的には、ヒオカさんの言ってる通りですね。学歴が高いということ自体が、すでにいろいろなものを包含しているんですよね。経済的に安定している人は、そもそも精神的にも安定しているみたいなところがあります。心配事ってお金から来ることも多いんです。幸せはお金で買えないとは言うものの、お金があるからこそ、さまざまなトラブルが避けられるようになったり、経済的な不安がないことで精神的にも落ち着いたりする。そうなるとイライラしないから、叩かないでしつけをする余裕というのが生まれるのかなとは思いましたね。

ヒオカ　所得の高さが精神的な余裕につながる部分は大いにありますよね。

山口　あとは叩いてしつけられた子どもは、人を叩くようになるんです。

ヒオカ　なんででしょう……。

山口　一つ考えられるのは、間違ったメッセージを受け取るんでしょうね。何か難しい状況で葛藤を抱えたときに、叩くこと、暴力を振るうことによって解消するということが一つのやり方なんだと思ってしまうんでしょう。実際、叩いてしつけられた子は他の子どもを叩きやすいということは、データからもわかっています。[*9]

ヒオカ　いかにも負の再生産って感じですね。

山口　そうなんですよ。どこかのタイミングで、その連鎖を止めるということは、本人にとっていいだけじゃなくて、その次の世代にもプラスの影響があるということです。

ヒオカ　私も、ちょっと知人の子育てに関わらせてもらうことがありますが、親の精神的余裕が子どもへの接し方に直結すると実感します。怒鳴ったりとか、手が出てしまって、一歩間違えると虐待になるようなことって子育てする人なら誰もが通過することかもしれませんが、その頻度や程度は親の精神的状態がすごく大きいと思います。

山口　どんなに周りのサポートがあって、経済的に恵まれた家庭でも、子育てではイライラしますよね、普通は。

ヒオカ　どれだけ聖人のような人でもそうだと思います。

山口　さらに他に不安があると、もう本当にコントロールできなくなっちゃいますよね。

ヒオカ　データとして出ているのは「叩く」という行為ですが、怒鳴る回数とか、他にもいろんな要素がありそうです。

山口　そうなんですよね。私たちの使ったデータだと、しつけの質の指標として「叩く」というのが一番わかりやすいからそこを軸にしてるんですけど、他にも「怒鳴る」とか「閉じ込める」とか「無視する」とかいろいろあって、全部良くないんですけど、度合いはちょっとずつ違います。そういう良くないとされているしつけの方法が、親の学歴や家庭の経済状態と関係するんです。遺伝的要因もあるとは思うんですけど、やはり環境が大きいです。[*10]

ヒオカ　大卒のお母さんのほうがしつけの質が高いっていうのを聞くと、裕福な家庭の場合、ある程度、自分でしつけることができるということですよね。支援が必要な子どもこそ保育所に預けられるべきですが、そういう家庭ほど保育所が利用しづらいというのはめちゃくちゃ不合理です。

山口　そこが問題だと思っています。今回の少子化対策を受けて提案されたたたき台にも入ったのが、「こども誰でも通園制度[*11]」というものです。

ヒオカ　就業していなくても保育所を利用できるというものですね。

山口　利用資格の緩和ですね。

ヒオカ　就業してないと保育所を利用できないというのがまずおかしいですよね。だって子どもを保育所に入れなきゃ就活できないじゃないですか。

山口　本当にそうなんです。

ヒオカ　正社員で産休・育休を取れる状況なら保活（子どもを保育所に入れるための活動）もしやすいかもしれませんが、非正規の場合は妊娠・出産を機に会社を辞めないといけない人も多いですよね。その後どうしろと？　と思います。

山口　保活の前にまず仕事を見つけるというのが順番的に正しいこととされています。利用資格の緩和ができるのも、少子化で待機児童が解消されたという、すごくネガティブな理由で達成されてしまったんです。

ヒオカ　ただ、まだ東京都内だと、保育所だけでなく小学校の学童の待機児童がいると聞きます。

山口　都内はまだ厳しいです。そもそも学童における待機児童数の把握ができていない自治体も少なくありません。利用しようとすると難色を示されて、申し込み自体を断念する家庭もあります。また、国の基準だと20～30分離れた施設が利用可能なら待機児童としないことになるので、実態は報告されている数字以上に厳しいと考えられますが、正確なところは誰も把握できていないと思います。

「非認知能力」を形成するには

ヒオカ　非認知能力が形成できないと、犯罪や失業につながるというのは、すごくインパクトのあることだと思うんですけど、恵まれない子どもたちが非認知能力において不利にならないためには具体的にはどうしたらいいんでしょうか。「ペリー就学前プロジェクト」のような大規模なプロジェクトは日本では導入が難しいと書かれていたと思うんですけど。

山口　何歳からという点については議論はあると思うんですけど、例えばフランスみたいに幼児教育を義務教育に入れてしまうような、義務教育年齢の引き下げで対応するのを考えたほうがいいんじゃないかと思いますね。現状は5歳になると97～98％は保育所なり幼稚園なりに通っているんです。基本的には幼児教育は受けているんだけど、じゃあ残りの2～3％はどんな子なのかというと、すごく支援を必要としている子どもが多いんです。

ご家庭で「特別な教育を受けさせているから幼稚園・保育所に入れなくてもいい」と言うんだったらともかく、実際にデータで見てみると、そうと思われる家庭はあまりない。これは、兵庫県の尼崎《あまがさき》市にデータを提供してもらって行った分析で明らかになりました。尼崎市に限らず、自治体は特別に調査をしなくても、乳幼児健診に来たかとか、生活保護を受けているかという行政記録があるんですよね。それを使ってみると、幼稚園にも保育所にも通わなかった子というのは、まず乳幼児検診に来てない子が多い、と。[*12]

ヒオカ　なんと。

山口　生活保護を受給している割合もかなり高い。きょうだいが4人以上の多子世帯が多い。さらに住民票を見ると、婚姻関係にはないけども、母親以外の大人がいる。彼氏なのか、内縁なのかわかりませんが、大人の数も多い。こうした家庭が必ずしも問題であるというわけではありませんが、子どもに十分なケア、親の注意が払われていない可能性が高いんです。データで見る限り、ネグレクトを想起させられます。

そこに対する支援というのは、かなり積極的にしないといけないから、幼児教育を義務教育化すべきですね。それによって新たに保育所に入る子の割合はそんなに高くないから、財政的には大きな問題にはならないんですよね。制度上は大きな変更になりますけど。ただ、そこですべての子が来なきゃいけない、受けさせないといけないというように変えて、早め早めに子どもに手を差し伸べないといけないと思いますね。

ヒオカ　保育所や幼稚園にもいろいろ種類がありますよね。英語や絵、ダンス、歌などのプログラムを選択できるようなところとか。でも別に保育所であれば大丈夫なんですか?

山口　そうなんです。実は特別な訓練はそこまで必要ではなくて、ちゃんとした大人……と言っても普通に資格を持った保育士さんのことですけど、大人が安全に子どもを見てあげて、時々読み聞かせがあったり、歌も多少あったりすればいい。

例えば、積み木で遊ぶとなると、当然子ども同士だと取り合いになったりするんだけど、保育士さんが介入して譲り合うように導いたり、滑り台とかブランコとかを使うときに、ちゃんと並ばないといけないことを教えればいいのであって、英才教育はあまり関係ないんです。

ヒオカ　少なくとも非認知能力、社会的情緒能力においては、ということですね。

山口　ここで目指しているものは、それくらいのある意味当たり前のことを全員に最初から与えるということなんです。

「文化資本」の何が子どもに影響するか

ヒオカ　次に、「文化資本」についてお聞きしたいと思っています。

文化資本って、非認知能力と同じで、いろんなものがあるじゃないですか。わかりやすい例としてよく出されるのが、美術館に行く習慣とか家に本があるとか。でも、それも結局、そのうちの一つが数値として高い家庭は、全体的な意識も高いということですよね。子どもに博物館に行かせるような親は全体的に意識が高いというのがありそうです。文化資本と言ってもたくさんありますが、所得を高めるとか人生の成功といった側面から見ると、どういう要素が結局一番大事なんでしょう。

山口　いろんなタイプの文化資本がありますが、やっぱり一番役に立つというか重要なのは、制度的に保障されたものですよね。学歴とか資格とか、こういうのは間違いなくストレートに役に立ちます。それは前提として、じゃあそれ以外でどういうものが役に立つかというと、最近の社会科学の研究だと、非認知能力はすごく大事だと言われています。特に今、コミュニケーション力というのが重視されるような時代に入っていると言われているんですね。昔は少し極端に言えば、「頭が良かったらそれで良かった」という感じだったんですけど、今は同時にコミュニケーション力もないと、高所得になってないことがデータで確認できるんですよね。[*13]

ヒオカ　それは、仕事の質や働き方が変わったというのもあるんでしょうか。

山口　それはあるでしょうね。チームとして生産するほうが大きなものを生み出せるようになるし、チームの中で活躍できるにはコミュニケーション力が必要なんだろうなというふうに思います。コミュニケーションの仕方って、まさに親の影響を受けると思うんですよ。親が他人とどう接するのかとか、どう説得するのかみたいなところを子どもは見て育ちますよね。それこそ、叩いて子どもをしつけていたような人だと、周りの人に何か言うことを聞かせるのに、恫喝《どうかつ》するしか方法を知らなかったりするかもしれない。

ヒオカ　長期的に見て人から信頼されるには、ある程度他人に尽くす余裕も必要です。でも損得勘定で動いて、あんまり利益にならないと思ったら他人に尽くさないような親のもとで育ったら、まず他人に施したり、親切にすることで、人間関係を築いたり円滑にできて、結果的に自分にもリターンがあることがわかりにくい、というのはあり得ますね。文化資本の項目や傾向は、非認知能力と似ています。結局、文化資本が豊かな家庭って、親の年収や学歴も高い。そんな家庭で育った子どもの非認知能力が豊かになるという話だなと思うんです。

山口　同じだと思います。年齢が上がっていくとやることが少し複雑になってきて、体験とか、文化資本の話になるということですよね。文化資本ってすごく高級なものに聞こえるかもしれないけれども、もっとその前の段階で、人として最低限押さえておきたい行動様式や価値観の話です。

ヒオカ　それはどんなものでしょうか。

山口　嫌なことがあったときに、人に当たったり、物に当たったりしないとか、使いたい物を取る前に順番を守るとか、そういう最低限のことができるかどうかが幼児教育の段階では結構重要です。多くの人は保育所・幼稚園で身につけられるんですけど、恵まれない家庭で育ってしまうと、そういうものを学ぶ機会がないまま小学校に入って、直らないでそのまま大人になるということもあるんですよ。

ヒオカ　文化資本は、家に本があるかどうかとかいう物の話だけでなく、行動様式や価値観など無形のものも含まれるそうですね。最初に言われ始めたのが、美術館とか博物館なんですけど、それだけではなくて、健康行動なども文化資本である、と。

山口　健康に対するリテラシー[*14]、お金に関する知識・態度もそうです[*15]。

ヒオカ　親の意識や価値観もそうですよね。教育に対する熱量とか、どこかに連れていくのだって、結局は親に文化的素養があるからじゃないですか。家に本があるとかだけではなくて、そもそも教育を受けさせようと思っているかどうかとか。

山口　実は子どもが勉強できることに対して、ネガティブに考える親は少なくないわけですよ。親が教育を受けている家庭だと子どもが勉強をすること、勉強ができることに対して、「偉いね」とかすごくポジティブにほめる。いいこととして捉えられるんだけど、そうではない家庭や親だと、子どもが勉強できることに対して親が嫉妬する感じになってしまうこともあるんですよね。「うちの子に学はいらないんだ」とか。勉強ができたとしても、いい高校、いい大学に行くことに反対するみたいなことはよく聞く話です。

ヒオカ　そもそもお金がないので、高卒が前提で、大学進学など高等教育を受けることに対して反対するということは今の社会でもありますよね。

山口　親族に大卒がいない場合、視野に入っていなかったりするのもあると思います。

ヒオカ　それか、あまりに子どもの教育に無関心・無頓着ということもありますよね。私の家の場合がそうだったんです。「何でも勝手にして」って感じでしたけど、絶対に「大学」っていう言葉が出てこない。あと、ジェンダーの問題で、「女性だと大学に行ってもしょうがない」という価値観もいまだにあって、男女間で格差もありますよね。

山口　強いですよね。いろいろ意味があって、男尊女卑みたいに「女に学をつけても仕方ない」というのもあれば、もう少し親目線で子どものことを可愛《かわい》いとは思っていて、手元に置いておきたいとか離れてほしくないとかいう思いから「学をつけてほしくない」というのはありますよね。大学に行けたとしても、選択肢が限られるというのはよくある話で、男の子は優秀だったらどこに住んでいても都市部の大学に行けという話になる。女の子だったら、家から通える範囲の大学に親が行かせようとする。

情報格差がもたらす申請主義の問題点

ヒオカ　あと、これも文化資本格差の一つかもしれませんが、情報格差もありますよね。貧困層ほど情報弱者である場合があると思います。富裕層、一般家庭といった、わりと余裕のある層が、無料で体験できる講座の情報収集がうまかったり、無利子の奨学金とか制度の情報を摑むことができる。余裕のある家庭こそうまいのはなぜなんだろうなと思ったりします。

山口　そうなんですよね。情報を取りにいくことに関して、お金はかからなくても、労力的なコストは結構無視できないんです。普段の仕事でギリギリで、時間的な余裕、精神的な余裕がないというのはありますよね。低所得の人だと、そもそも認知能力の限界がありますます。さらに、計画的に物事を進めることができないなど、ある意味では能力に限界があって難しい場合もあります。情報を見つけるのは大変だし、情報を得られるかどうかにスキルがはっきり影響するので。一方で役所の手続きというのは保活もそうなんですけど、かなり複雑で、「最初にまずじゃあこの30頁の資料を読んでください」みたいなところから始まるんですよね。

ヒオカ　書類を読み解く力はまさに学力ですよね。

山口　学力がないと、手続きができなくて、必要な支援を受けることができないという悪循環なんです。申請のハードルをどれだけ下げるのかというのが、本来の目的達成のためには必要なんじゃないかと感じます。最近の公共政策研究では、プッシュ型支援が必要だと言われ始めて、申請主義から離れようという行政の動きもありはするんです。行政のほうから探しにいって必要な情報の記入をやったりする自治体もあるんですけど、まだまだ珍しいですね。アメリカで行われた研究なんですが、奨学金の申請書をソフトウェアが全部記入してあげて、あとはサインするだけというところまでやる自動化システムを使ったら、大学進学率がぐっと上がったという結果[*16]も出ています。

ヒオカ　私も18歳のときに奨学金の申請を経験したんですが、本当に難しくて、要件が理解しきれないんですよね。

山口　申請ができた段階で、どこか大学に受かるくらいのものですよね……。

ヒオカ　日本学生支援機構の第一種の無利子のものだと条件があるので、成績の評定を計算したりで大変でした。

山口　それまでにファイナンシャルリテラシーを学校が教えたわけでもないですし。

ヒオカ　誰も何も教えてくれないんです。親に「とりあえず申し込んどいて」と言われて書きましたが、これで合ってる？　ってずっと不安でしたね。奨学金もそうですが、障害者年金の申請などもそうだと聞きます。申請が煩雑すぎて、自分でやると通らないから代行で社労士に依頼して、通ったら成功報酬として年金2カ月分くらい必要、という体験談をいくつか聞いたことがあります。公的な制度なのに一人で申請できないっていうのはどういうこと？　公的制度の成功報酬とはなんぞや、本当にそれでいいのかと思います。

親子で似やすい行動とは

ヒオカ　「親ガチャ」という言葉が流行り、親によって子どもの人生がどれだけ影響を受けるのかというのは多くの人の関心事だと思います。実際、親子で似るものって、どんなものがありますか。

山口　投票行動[*17]だったりとか、健康行動だったりとか何でも親子で似るんです。資産形成のパターンなども親の影響をよく受ける。貯金、投資もそうです。だから、リスクを取る行動をするとか、借金するのは必ずしも悪くないとか、そういう認識や価値観を親が持っていると、資産形成に有利に働きます。

ヒオカ　起業もそうだと思うんです。投資とか資産形成も同じで、一度賭けないと将来的な大きいプラスは得られないじゃないですか。起業ってある意味、すごく賭けですよね。

山口　とてもリスキーですよね。

ヒオカ　でも、そのリスクを負うことで、今の自分よりも、将来経済的にプラスになるという感覚を、親を見て得るわけですね。投資なども、親が普通に投資していたらハードルが低くなるというのは、すごくあり得そうな話です。投資だけでなく、貯金しようという意識もそうですよね。

山口　そうですね。計画的に。

ヒオカ　積み立てＮＩＳＡとかｉＤｅＣｏとか投資を国が推奨していますけど、それを実際に少ない手取りからできるかっていうと難しいと思います。それに、利益を得ていくには元手だけでなく、知識も必要です。

山口　あれも一定以上の社会経済的地位にある人が有利なシステムですよね。
ヒオカ　元手がある人が増やしていくっていう制度であって、貧しい人が逆転する制度ではないですよね。

健康行動も文化資本で決まる

ヒオカ　健康への意識も、文化資本としてかなり大きなものですよね。親の暮らしぶりを見ているから、その常識の中で動くじゃないですか。どんな食事を摂るか、掃除するかどうか、健康診断に行くのかとか。歯科検診で子どもの家庭状況がわかるってよく言います。
山口　虫歯の有無などで、どれだけ親が子どもに手をかけているかが強く出ますよね。
ヒオカ　他に健康に関するもので連鎖するものってありますか。
山口　アルコールなんかわりとわかりやすいです。
ヒオカ　アルコール依存症ですね。
山口　アメリカだとドラッグですよね、日本だとそんなにないですけど。学歴と家庭環境と健康は、わりと相関関係が強いんですよ。貧しかったりすると、そもそも健康的な行動を取る選択肢が制限されていたりするんですよね。

ヒオカ　これはめちゃくちゃそうなんですよね。無料低額診療をしているお医者さんが、「病気は社会が作っている」とおっしゃっていました。例えば貧乏な人が肥満だと批判されるじゃないですか。でも実際は逆で、100円でお腹を満たそうと思ったら菓子パン、カップラーメンのような、カロリー、脂質、糖質の高いものを食べるんですよね。そしてこれも貧困税と言えそうですが、健康に投資できないがゆえに結局は健康を損ねて、場合によっては入院や手術が必要になり、投薬代がかかってしまう。日頃から食費300円を削っていなければ……ということの連続です。

山口　投資する余裕がないんですよね。

ヒオカ　2022年から物価高が続いている中で、真っ先に削るのが食費です。食費を削るために栄養バランスを無視した食生活を続けることの影響って、5年後とか10年後、20年後に出てくるんだろうなと思います。あとは、健康を保とうとする行動が親子で似るというのも驚きです。自分を律していく力も、親子で似るんですね。

山口　セルフコントロール力もあるし、単純に食習慣が似るというのもあるみたいですね。

アメリカだと、親が大学を出ていると仕事に就いている可能性が高くて、しかも大企業だと健康保険がついてくるのでヘルスケアが受けられる。日本だと健康保険に関して言うと皆保険なので、そこの違いはないですけど。社会制度を整えて、出自にかかわらず医療を受けられるようにするというのは、アメリカの結果を見ると本当に大事だなと思います。

ヒオカ　確かに日本は健康保険は皆保険ですけど、正社員、または社会保険に加入している従業員だと会社が健康診断を無料でやってくれたりするんです。

山口　なるほど、日本にもそういった格差がありますね。アメリカほどじゃないにしても。

ヒオカ　企業にもよると思いますし、非正規でも社会保険に入っていれば受けられる場合もあるんですけど。派遣やアルバイトだと社会保険に入らせてもらえないことだってあります。健康診断って普通は有料ですし、自分で予約して行かないといけないじゃないですか。お金のない人だとかなりハードルが高いです。会社の健康診断で、ある程度の数値を見てもらえて、要検査だったら教えてもらえるというのは、会社員のメリットです。

ある意味、健康行動というのも投資の一種ですよね。将来の自分への投資。いったんお金はかかってしまうけど、長期的に見てリスクヘッジできるところではあるので、将来の医療費がトータルで見ると差が出てきそうです。

山口　健康行動はやるべきものではあるんだけれど、今手元にお金がないとか、時間がないとかだとできません。若い間はなかなか。30歳ぐらいまでは不健康な生活をしていても、だいたい問題なく生活できるんでしょうけど、そこから先になると少しずつガタが出てくるし、差がつく可能性が高いですよね。

親子で職業が似てくる理由

山口　なぜ親子であらゆるものが似るのかというと、もちろん遺伝的なところは少なからずあるようなんですけど、やっぱり大きいんじゃないかと言われているのは、親を見て子どももいろんな態度を決めるというところです。

ヒオカ　職業も大きいのではと思います。医療関係者の子どももって医療関係の仕事に就くし、公務員の子どもはやっぱり公務員になったりする。もちろんあくまで傾向ですが、親の職業に近い職業に就く傾向は少なからずあるように思います。

山口　職業が似る傾向は強いです。それだけでなく、起業家になるかどうかについてもわりと相関が見られています。[*18] 環境の影響のほうが大きいんですが、遺伝的な影響もあります。チャレンジする、リスクを恐れないという性質も遺伝するんですよね。

ヒオカ　遺伝子ってすごいですね。

山口　この辺の研究はだいたい北欧のデータを使っていて、環境なのか、生まれつきなのかを区別するために、養子の子たちの人生を追跡するんです。しかも、生物学的な親がわかっているから、生みの親と育ての親のどっちのほうが影響が強いのかを見たりできるんです。一貫して出ているのは、育ての親の影響のほうが強いけれど、生みの親の影響というのもはっきりとあるということ。やっぱり遺伝的な形質、気質みたいなのは結構大きいという話になっているんです。

職業だと、親がその職業についてのロールモデルになります。どういう仕事なのかというのは、親を通じて知る部分も大きいですし、実際に大人になってから親がまだ現役だと、その仕事についての知識を教えてくれたり、ネットワークを使わせてくれたりとかもある。例えば親が看護師だと、看護師がどういう職業か明確にイメージできるし、親だけじゃなくて親の同僚とも話をしたりすると、さらにイメージも湧くし、場合によっては就職先の紹介もあります。仕事が見つかるかどうかというのは、ほとんどが紹介だったりする職業も今の社会では多いですから。日本では新卒一括採用という、また独特の慣行がありますけど、いろいろな意味で親の影響というのは大きいですよね。

ヒオカ　それで言うと、めちゃめちゃわかりやすいのが政治家ですよね。国会議員の世襲の多さには、いつも驚かされます。本当にあそこまで露骨に出るのはすごいと思いますね。

山口　すごく特殊な世界だから、政治家じゃないと政治家ってどういうものかがわからないですしね。

ヒオカ　地盤を継がせる、と言いますよね。まさに親のネットワークを駆使できます。政治家もそうですし、医者も、親が子に継がせたがる傾向が強いと思います。

　こうした職種もそうですが、正規・非正規といった雇用形態での親の影響はどうなんでしょうか。

山口　それも、やっぱりあります。正規・非正規っていう分類は国によって違うから、そのまんまのズバリじゃないんですけど、職種とか所得水準とかは常に相関するんです。結構、広範囲で親と子は似るんですよね。政治的な態度、投票に行くか行かないか、どういう政党を支持するかというのも、親子で似ます。健康についてもそうだし、さらには犯罪を行うかどうか[19]など、驚くほどわれわれは親の影響から逃れられないところがありますね。

ヒオカ　恐ろしいけど認めざるを得ないですね。

山口　あくまで平均的な傾向ということではあるんですけども。

ヒオカ　確率論的な話ではあるけど、そういった親子での相関は、貧富の再生産に影響していきそうです。

山口　そうなんですよ。たぶん親子の相関というのは普通の人がイメージしているより強いんじゃないかなと思うんですよね。親と子はもちろん別人格なんだけど、どうしても強く影響を受ける。例えば親が30歳、40歳のときに生まれた子どもが、そのくらいの年齢になったときにどの程度似てくるのかは、30年、40年かかってわかるわけですよね。それぐらい時間がかかるから、なかなか一般の人には感覚的に把握しがたい部分なんですけど、データで見ると、やっぱりいろいろなところで親に似るんです。

ヒオカ　気質的な部分もということですよね。

山口　遺伝である程度性格が決まってきますが、親がロールモデルとしての機能も果たすので、さまざまな形で影響を受けますね。

ヒオカ　遺伝で一回影響を受けて、さらに後天的にも一緒に過ごすことで、いろいろ受け継ぐということですよね。

胎児のときの影響が大人になっても……？

ヒオカ　先生の本を読むと、幼児教育が重要である理由として、子どもはとても可変性があって効果が出るというのをあげていますよね。逆に言えば、年齢を重ねると変わりづらいというのも現実なんですよね。

山口　ハンデのある人には年齢にかかわらず社会保障として手を差し伸べなきゃいけないのは、間違いないんです。だけど、やるんだったら早ければ早いほどいいというのは、データでびっくりするぐらいクリアに出ますね。希望があると思うのは、若い子だったら早くやれば十分変われる可能性があるということです。逆に言うと……。

ヒオカ　逆に言うとって話ですよね……。早い段階というと、未就学児ぐらいでやっとかないとってことですよね。

山口　一応、成人するまでにやったプログラムはそれなりに効果を上げるんですけど、でも早ければ早いほどいい。さらに言うと、胎児の段階からなんですよね。

ヒオカ　胎児?!　どうやって?

山口　正しく言うと胎児に対して教育するわけじゃなくて、お母さんの健康の話です。妊婦の健康とか栄養状態のことなんです。貧しい状況にあると、お母さんが食事で栄養を十分に摂れなくて、生まれてきた子どもが、いろいろな問題を抱えるんですよね。[*20]

ヒオカ　健康的にも?

山口　健康的にもです。それが出てくるのは生まれてすぐじゃなくて、大人になってから出てきたりする。胎児のときに栄養が欠乏すると、生まれてすぐは何かおかしいところがあるように見えないんだけど、大人になってからすごく栄養を摂ろうとしてしまう。

ヒオカ　なんだか時限爆弾みたいですね。

山口　まさに、そういう表現をされています。だから、出産費用に対する支援は、思いやり的な形であげるんじゃなくて、お腹にいる段階からの子どもに対する福祉政策なんです。そこをやらないと、将来医療費が高くなるとか、いろいろ社会として助けが必要な人を増やしてしまうことになるので、早め早めにやるというのが大事です。[*21] もちろん人道的な意味で行うんですけど、そういう感覚がない人に対しても、「いや、これはお金の損得の問題で考えても十分得なんですよ」というのは、やっぱり広く知られるべきだと思います。

不摂生は「自由意思」か?

ヒオカ　胎児が大人になっていく上での何十年分もの医療費を考えたら、妊娠中の10カ月間に健康サポートするほうが、どう考えてもコストを抑えられますよね。妊婦のときに置かれる状態って、経済的な状況に依存するじゃないですか。乳児を置き去りにして殺してしまって女性ばっかり逮捕される事件が後を絶たないですが、そういう人は妊婦健診にも行っていなかったりする。ネグレクトしてしまう人って、たいてい社会的にハイリスクな女性です。どう考えても配偶者がいて、ちゃんと周りがサポートしてくれたほうが妊婦の心身の健康にいいでしょうから、まさに社会的な階層が反映されてしまうところだと思います。

もう胎児の時点で健康がある程度決まってしまう部分がないとは言い切れないのなら、

大人になってからの自分の健康状態なんて、どうあがいたってどうしようもないところじゃないですか。不摂生は怠惰だと言われても、その行動を一つ一つ見ていくと、わりと幼少期に体得したものが大きい可能性もありますし。

山口　そうなんですよ。好きでなったわけじゃないという話なんですよね。

ヒオカ　自罰的という言葉がありますが、まるで自傷行為のように不摂生してしまう人もいますよね。セルフネグレクトみたいに。

山口　本当に自由意思で取っている選択というのは、少ないように思います。周りの状況に誘導されてるところが大きいでしょう。

ヒオカ　不摂生って、怠惰な人という烙印《らくいん》を押されやすいと思うんです。お酒をよく飲んでると、「どうしようもない人だ」とか言われがち。ただ、それで「ダメだよ」って責めたり諌《いさ》めたりしたところで、おそらく変わらないじゃないですか。自分で引き締めようと思ってできる、自由意思でコントロールできる範疇だと思われがちだけど、実際は違うということですよね。

山口　昔は確かに、よくアメリカなんかでも肥満は選択の問題で、太らないという選択ができたはずだという見方で、いろんな医療政策とかが作られていました。社会科学の分析でもそういう言い方がされてたんですけど、どうもそうじゃないというような認識に、今は変わってますね。それしか食べるものがなかったとか、そうせざるを得ないような状況があるんだという理解が高まってきました。現実は自己責任の対極ですよね。コントロールに成功した人は、それを自分でコントロールしたんだと感じてるわけだから、逆にそうでない人に厳しい見方をしていたりする。

「諦め」は生育環境から

ヒオカ　親子で似る要素があるというのは、たぶんみんな理解はしていると思います。ただ、見た目などわかりやすいもの限定です。しぐさとか体型とか。あとは学力も非常に数値で見えやすいので、似るというのは認識されています。ただ、コミュニケーション能力とか、セルフコントロール的かどうかといった、わかりにくいものは切り離して考えると思うんです。投票行動や資産形成まで似ると認識している人って、ほとんどいないんじゃないでしょうか。投票行動を、もう少し掘り下げると政治への関心もそうですし、ある程度、自分の参加に意味があると思えているかどうかというところも含まれますよね。
非認知能力で言うならば、「自分が努力すれば、ある程度、社会は変わるんだ、結果がついてくるんだ」という実感、自尊心に近いような、「自己効力感」と言われるものに当てはまりそうです。

山口　そうですね。自分の行動が世の中を良くすることに貢献しているという感覚を持てるかどうかというところです。

ヒオカ　社会から疎外されている人は、そこに希望を持てないのだと思います。

山口　希望を持っている人は、ちょっと特殊ですよね。諦める人も多いですから。

ヒオカ　目標を持って取り組むためには、努力や積み重ねによって成果が見える経験が必要です。自己効力感とか自尊心も、非認知能力と言われます。それも生育環境が影響している可能性はありますよね。

山口　トルコで行われた研究なんですが、セルフコントロールとか忍耐力みたいなのを、幼稚園ぐらいの子どもに教えるために、教室の中にダンボールとかでタイムマシンを作るんですよ。それを作って、今、じゃあ入ってみましょうと。今、我慢すると将来いいものが得られると。我慢しないと今、何かもらえるんだけど、将来は何ももらえないみたいなのがあって、必ずしも待つことが正しいというふうに教えるわけじゃないんだけど、待つことの意義を考える習慣を教室の中のワークショップで教えたら、忍耐力というか、待つということを子どもたちに教えることができたという報告はありますね。[*22]

ヒオカ　確かに忍耐力って、幼児教育の影響が大きそうですね。

リスキリングを必要とする人こそ、リスキリングに向かえない

山口　子どもの頃から忍耐力がある子は、勉強とか将来への投資ができるようになることがわかっていて、かつ、そういうのは教えられるものなんだというのが少しずつ明らかになってきています。ある程度我慢が必要だということを自然に話したり教えたりする家もあると思うんです。「努力することでうまくいかないこともあるけども、全体として見るとうまくいくから努力が必要だ」ということを親が教えられる価値というのは、恐らく高いというふうには言われていますよね。

ヒオカ　投資やリスキリング（職業能力の再開発、再教育）などは、短期的には結果が出な

いじゃないですか。やっぱり大きな利益を得る、長期的な成功のためには、一定期間の忍耐、それこそセルフコントロール力が必要になってきますよね。

山口　そういうのを実感する機会が少ない人がある程度いるんだなというのは感じています。先日、リスキリングとか職業紹介を行う民間の会社の人たちとお話ししたんです。今、政府がリスキリングとやたら言っているけど、恐らく本当に必要な人たちは、リスキリングというものに対して関心もないし、何それみたいに感じている。一部の人たちは今、我慢して何か学ぶことによって半年後なり1年後なりにスキルアップして、もっといい仕事ができるようになるということに、ほぼ確信を持って取り組めると思うんですよね。一方で世の中のマス層は、スキルアップという概念をそもそも持っていないように感じると、その会社の方はおっしゃるんです。

その会社では、いろんなスキルアップのプログラムを用意しているんです。「この会社はハイスキルな人材を送ってくれる」となると、いっぱい依頼が来ることにつながります。例えば、会社が費用を持ち出しでトレーニングを受けさせてあげても、その費用は最終的には仕事の依頼という形で返ってくるから、みんなにどんどんトレーニングを受けてほしいんです。
　でも、キャリアアップとかスキルアップという概念が頭の中にない人たちが相当数いるように感じるということをおっしゃっていました。それで、どうやってそういう人もリスキリングプログラムを受けてくれるのか、受けたいと感じるようになるのかみたいな研究をやりたいという話をされていました。
ヒオカ　リスキリングのプログラムを受けるにしてもインセンティブが必要ですよね。ハローワークでも職業訓練のプログラムがあるんですけど、受講自体は無料だとしても、教材費は自費だったりするし、やっぱりお金は多少かかる。その期間無職ではあるので、収入はなくなります。失業したときの備え方も、その人の経済状況にすごく左右されるところです。ある程度貯蓄に余裕があれば、長期的に見ていい選択を取れるように、腰を据えて就職活動したり、スキルを身につけるために行動できる。でも自転車操業の人って、すぐに対価を得られるものに飛びつかざるを得ないじゃないですか。それは、決して自己研《けん》鑽《さん》したくないとかいう話ではなくて、その余裕がそもそもないんです。
山口　そういう意味では、失業したときに、ちゃんとつなぎのための生活費を得られるようにすることで初めて、スキルアップのための努力をすることも視野に入れられますよね。

ヒオカ　リスキリングとかキャリアアップって、それを自分ごとって思える人のほうが少ないんじゃないかなと思います。ある程度、評価されるポジションにいないとリスキリングしたって意味がないと思ってしまうじゃないですか。その人が「コツコツやって頑張りました」となったとして、それを評価できるのって、ある程度、体力のある会社ですよね。そして評価する人もある程度のポジションにいなきゃいけない。果たして非正規の人がリスキリングしたところで、「じゃあ正社員にしてくれるんですか」という。企業側の努力がないと、労働者一人がリスキリングしたところでなぁと思ってしまう。

山口　そうなんですよね。この何十年で日本は政策上の失敗もいっぱいあったんですけど、企業のほうも人に投資しなくなってしまったというのが、すごく大きなマイナスだと思います。人件費というのをコストとしてしか見なくなってしまったので、非正規という問題が出てきてしまったんです。結果、人への投資が進まないから生産性も上がらないし、新しい産業も育たない。もう何十年も経済成長率が実質的にゼロみたいな状況が続いているなと感じますね。

「他人を信頼する」社会関係資本が貧困だと……

ヒオカ　あと、見えない貧困としては、社会関係資本、いわゆる人間関係の貧困もあります。社会関係資本は、家庭の所得による格差が大きくできてしまうところですよね。

山口　貧しいとか、社会的に不利に育った人は、他人を信頼するのが苦手になる傾向があるというのは聞きますね。ある程度他人を信頼すると、裏切られるかもしれないんだけど、信頼することですごく効率的に社会というのは回っていきます。例えば約束があるから将来に向けていろいろな行動ができるわけで、でもこれが全く守られる保障がないとなったら、他人と協力してチームでやるのが一切できなくなるので、結果的に大きなアウトプットが出てこないわけですよね。

そもそも他人を信頼してはいけないような環境で育ってしまうと、人間関係の貧困化が起こりやすいんです。自分が損することも当然起こるんだけど、それでも長い目で見ると、ある意味無条件に他人を信頼することで、ようやく効率的にチームとして動くことができたりするものです。どういう価値観の家庭で育ったかが、他人との付き合い方に影響するとしたら、結構、これも親の影響というか家庭環境の影響が大きいなと思いますよね。

ヒオカ　自分の実感として、貧困と孤立はセットというのがあります。社会的地位のある人って、人との関わりが多くなるんですよね。仕事上関わる人が多くなりますし、かつ、わりとリテラシーの高い大人が友達なので、情報やその人の個人的な資源を活用できる。別にお金があるから人と付き合うという人ばかりではないとは思いますが、貧困だとどうしたって関わる人は少なくなるし、社会的な階層が高い人とは付き合いがないので、関わる人から得られる情報などの資源の不足はあるんじゃないかなと思います。

山口　ありますよね。ネットワークに入れないというだけで不利になるし。

ヒオカ　学校のママ友を見ても、同じような階層の人がクラスターになる。私の実家のある団地に住む家庭はみんな貧しかったんですが、地域コミュニティから孤立していました。

「体験格差」は贅沢か?

ヒオカ　「体験の格差」を最近わりとテレビが取り上げるようになりました。私も記事を書いたり取材を受けたりするんです。お金がないと習い事や塾はもちろん、普通はみんながやる部活ができない、といったことをお話ししましたが、体験がなくても学力はつく、いい就職先にも行ける、お金をかけなくても体験はできる、という反応が多かったですね。部活でさえもお金がないなら仕方ない、お金がないのに運動部は贅沢だ、という人が少なくないというのはかなり驚きでした。「体験」っていうのは世間からすると贅沢なんですよ。逆に教育は、就活へのパスポートだから、リターンがわかりやすいので贅沢ではないという共通理解なんです。

山口　あー、なるほど。体験は贅沢品だと思われているんですね。そういったものは勉強と同じぐらい大切なんですけどね。

ヒオカ　「部活ができない、塾に行けない、家に本がない？　知らんわ」みたいな感じで。体験の格差の話題でこんなに反発が大きいとは思っていませんでした。社会の歪みをすごく感じましたね。もう体験の格差について二度と発信したくないと思うくらいでした。

山口　一方で「ヒオカさんが書かないと気づかなかった」と変わってくれる人たちもいますよね。そういう人たちはわざわざメッセージを送ったりしないかもしれませんけども。

ヒオカ　たぶん何か感じてくださっても、心にしまってくれてるんでしょうね。

「塾に行かなくても東大に行けたよ」みたいな話で、「部活しなくても体験がなくても、いい職業に就けたけど?」みたいな反論があるんです。体験といっても「留学したい」とか「高級レストランに行きたい」とかじゃないですよ。「修学旅行に行きたい」とかそんなレベルの体験の格差でも、「贅沢な話だ、我慢しろ」という反応が多いんです。部活とかの経験って、協調性や目標を立てて努力するということを学ぶ機会だと思うんです。

山口 スポーツは非認知能力の養成に有益だという研究はいくつかあります。[*23] 部活などはそういった意味では有益なスキルを育むことにつながっていると思いますけどね。

ヒオカ 幼少期の体験がどういうふうに役に立ってるのかって、一見わかりづらいじゃないですか。部活での取り組みって、短期的に、一朝一夕に結果が出るものではありません。筋トレみたいに、1日では結果が目に見えないけど、積み重ねが長期的に確実に自分の身になる。3年でもいいんですけど、部活で基礎トレを続けることで結果が出るという実感を持てると、大人になってからも長期的な投資という視点が持てそうですよね。それこそ、自分の努力は積み上がる、自分を変えることができるという自己効力感にもつながります。スポーツではそういう経験ができますよね。私は実家にお金がなくて、部活に入らせてもらえなかったんですけど、今思うと、部活は単純に思い出になるだけではなくて、その後の自分を形成するような生き方を学ぶところも大きいのかなと思います。

山口　確かに、特に勉強が得意じゃない人にとってスポーツは、別のルートで投資の感覚を身につける機会ですね。

ヒオカ　ある程度結果が出ない時期を耐える感覚がないと、結果が出る前に挫折してしまう。結局、自分がどれだけやったって結果は出ない、報われないと思ってしまうじゃないですか。

山口　何かしらの場面で気がつけるといいんですけど。

ヒオカ　部活や塾などもそうですが、貧困だと冠婚葬祭や外食、旅行なども難しい。それも体験格差です。

そういった体験って、それをいちいち数値化してどれくらい本人の将来の所得に影響があるかを出して、これだけ社会の利益があるから改善すべきみたいな話なのか？　とは正直思いました。費用対効果みたいなレベルの議論なんでしょうか。

山口　費用対効果は高いに越したことはないんだけど、そういう体験ってどの子にも最低限経験させてあげたいものです。だけど、それに対して社会的合意を作れてないのが問題ですよね。本来最低限必要だと思っているから学校に修学旅行というシステムがあるわけです。それができていないのが問題だと感じないっていうのがもう……。部活とか修学旅行とか、やりたい人はみんなやれるべきことですから。

ヒオカ　成人式に出るとかもそうです。

山口　行政が主催するぐらいだから、これもみんなやるべきことのはずです。

ヒオカ　「振袖を着られない子がいる」という記事が出ても、「振袖代を我慢して奨学金の返済に充てるほうが偉い」みたいなコメントがつくんです。

山口　実際に国の制度より厳しいことを言う人がいるわけですよね。修学旅行とかは就学援助[*24]でカバーされる話なので、基本的には貧しくとも参加できるようにお金が出ています。対象になるのはだいたい14％の家庭で、そこにもちろんギリギリ漏れてしまう人もいるから、もうちょっと対象を広げて多くの家庭が何らかの支援を受けられるほうがいいなとは思いますが。

ヒオカ　修学旅行の積立金が払えないから行けなかったという話は聞きます。

山口　ある程度どこかで線を引いちゃうから、そのギリギリ漏れてしまう人というのは一番苦しいわけですよね。だから本当は修学旅行とかも全額公費にしたほうがいいと思います。給食費無償化と同じように。いま授業料と教科書は無償ですけど、少なくとも高校までは教育全般が最低限無償化になっていてほしいなと思いますね。そうすれば出自にかかわらず、全員最低限の教育を受けられるようになるので。それが今話題の少子化対策にもなると思いますけども。

ヒオカ　体験の乏しさや文化的な貧困によって、生きる上での豊かさを自分で築きづらいというのはあると思います。休みの日があったら自分から外に出たりとか、それこそ自分の成長のために使うというハードルが高く、人生を豊かにする習慣がないのでできないみたいなところは感じます。一方である程度所得のある人って、ほっといても趣味を作りますよね。お金をかけて。

山口　そんな感じがしますよね。衣食住が足りているからできることです。最低限を超えて人生を充実させようとする。体験は文化資本形成にそのままつながるだろうなと思いますし、子どもの体験格差を埋めるというのは、次世代の文化資本格差、人的資本格差の縮小につながる。ということは、それは経済成長にもつながるので、多くの人にとって利益になる話だろうと思いますね。

奨学金は「出世払い」にせよ

ヒオカ　奨学金制度についても素朴な疑問がありまして、お聞きしたいことがあります。今の日本の奨学金制度はどんどん変わっているので捉えるのも難しいんですけど、いろいろな人の論評を読んでいると、「親の所得は子どもには関係ない、子どもからしたら知ったこっちゃないから奨学金に親の所得制限を設けるのはおかしい」という声も結構聞くんです。私はそれ逆じゃない？　と思っていて、子どもに親の所得なんて関係ないからこそ、親の所得が低いことが原因で進学を諦めることがないように、ある程度、段階的にでも所得制限を設けるべきだと思うのですが。

山口　児童手当の議論のときにネットでよくそういう意見を見ましたね。私も所得制限はないほうがいいなと思っているんだけど、理由はちょっと違います。基本的に所得の再分配というのは必要だと思うんですけど、低所得者向けのプログラムを用意すると、所得制限でもらえない人たちが「そんな制度いらない」と連呼して、そもそも制度自体が潰されるんです。「再分配のパラドックス」と言われていて、必要そうなところに狙って渡そうとすると反対が起こって、そもそも再分配が全くできなくなるんです。だから「全員給食費は無料」というふうに対象に全員入れちゃって、税金の部分で所得が高い人は多く払うというふうにしておけば、ここのところはみんな文句を言いながらも、諦めて払う。給付は全員に、徴収の部分は所得に応じて多い人にはたくさんというふうにデザインをしておくと、そういう感情的なものが出にくくなるとは言われていますね。

ヒオカ　奨学金の制度とか教育の無償化ってなると絶対に議論に上がるのが、「優秀な学生だけを対象にするべき」という声です。優秀な学生に手厚く、というのは理屈としてはわかるんです。財団が出している給付型の奨学金なんてどこも成績のスコアが求められるし、無条件じゃない。こういった論調もそうですし、政府が給付型の奨学金の対象として、理工大生や多子世帯に限って所得の上限を600万円に拡大するとしたのも、[*25] 国益に直結するからですよね。優秀な大学生だけに支援をという声は本当に大きい。インフルエンサーのせいかみんなすぐ「Fラン、Fラン」と言うんですけど、Fラン大生は絶対に支援してはいけないみたいなのがすごく世論として大きいんですよね。Fランってもはや目の敵にされているところもあります。

私がこういった論調に違和感があるのは二つ理由があって、一つは大学進学時点で学力を形成するにおいて、そもそも経済的に豊かな家庭の子どもが有利だという視点。もう一つは、教育ってそんな短期的な就職の実績とかだけを見て投資するものなのかなっていう疑問があって、もろ手をあげて賛成できないところがあるんですよ。

山口　教育と言っても、18歳を超えた高等教育ですよね。高校まではどの国でもたぶんそう。日本は義務教育ではないけど、みんな受けるべきものだということでほぼコンセンサスも取れているし、制度もそれにある程度近づいていると思います。

一方で、高等教育、特に四年制大学だと、生涯年収が数千万円単位で変わるわけですよ。そこまで変わるんだったら、本人が受益者なのである程度負担するというのは、私はアリだと思うんです。そういう意味で、オーストラリア、イギリス、ニュージーランドあたりで導入されていて、日本政府も検討している「出世払い型の奨学金」というのは、いいんじゃないかと思ってます。

給付型にしてしまうと、ものすごくコストがかかってしまうので、みんなが使える制度にするのは難しい。出世払い型だと後払いだから、学生本人に今はお金がなくていいけど、将来稼げるようになったら返してもらうので制度も維持できる。大学で勉強する準備ができている状態だったら来てもいいから、「卒業していくら以上稼いだら返してね」というやり方なわけです。学生さんからしたら家に金があろうがなかろうが全然関係なくて、全部自分でこれから成功できるかどうかだけにかかっている。成功できるかどうかというのはリスクのある話なんだけども、そのリスクは制度が背負ってくれる。失敗したら借金はチャラになるので、費用を比較的かけないわりに、多くの人を自由にする悪くない制度だと思っています。

親からすれば子どもが自分で授業料の借金をしてくれるから、負担がないわけです。もちろん他の生活費を払うとかはあるかもしれないですけど。少子化の問題ですごく言われたのが、親にとってすごく教育費がかかるという問題なんです。ただ出世払い型だと、親から切り離されたものとして、子ども自身が高等教育の費用を支払う形になる。これはとても理にかなっているんじゃないかと思います。

ヒオカ　日本の高等教育は、親の援助がある前提の制度設計になっています。親の所得がないと進学を諦める人も多いし、進学できたとしてもバイト漬けになる厳しい生活が待っています。奨学金制度にしてもそうですが、親の仕送りがある前提で結構すべての制度が成り立っているように感じるんです。いかに生い立ちのボコボコを均《なら》すかを考えると、出世払い型が現実的ということですか。

山口　親とうまく切り離して設計できるようになるといいなと思います。やっぱり大学に行くというのは経済的にすごく割のいい投資なんですよね。なかなか本人たちはそう感じていないかもしれないし、個人レベルだと実感できない人も多いと思うんですけど、大学に行くことで経済的に成功するというのは、かなりの確度で言えることなので、そこを後押しするような制度だし、そこで本人の収入が増えるんだったら、本人が費用を負担するというのはそんなに悪くないと思いますね。

ヒオカ　高等教育を受けたとしても、社会人になって安定した所得を築けるとは限りません。貧困に陥った場合が問題ですよね。

山口　そこの部分がすごく大事になってきます。今も減免制度というのはあるんだけど、あんまり機能していない。

ヒオカ　そうなんですよね。減免申請も回数に上限があります。払えなかったら訴えられますからね。えげつない。

日本って、一度非正規になると、なかなか正規に戻りづらくなるという現実があるじゃないですか。短期離職をすると一気に就活市場で不利になってしまったりもします。そうなると一気に大卒のメリットがなくなってしまう。大学を卒業して低所得になってしまった場合も、救済制度はとても重要だと思います。

山口　今の救済制度が形式的に過ぎるので、そこを実質的に困っている人に届くようにするべきです。滞納が一回あると救済制度が使えないとか、妙に厳しいんですよね。

ヒオカ　滞納すると信用に傷がついてしまいます。

山口　事情を考慮するとはなっているけれど、そこもすごく機械的というか官僚主義的。

ヒオカ　そうなんです。奨学金制度を評価している人って、返せる所得を得られた人なのであって、結果論でしかない。そうじゃない人からすると一気にただの借金になり下がる。

山口　そうなったときのセーフティネットにしないといけないのに。出世払い型制度というのはアイディア自体はいいし、他の国では機能しているので、日本でも導入するんだったらセーフティネットの部分をちゃんと担保しないといけない。

ヒオカ　出世払い型になると、「働いて成功した人への罰なのか？」という声が絶対に上がると思います。稼いだら取られるみたいな。

山口　その仕組みのおかげであなたたちが勉強できているという話ですからね。

所得の再分配は経済成長に直結する

ヒオカ　もはや所得の再分配の意義さえ認識できなくなっているような世の中ですが、改めて再分配の意義についてお聞きしたいです。

山口　所得の再分配というのは経済成長に直結しているんです。アメリカの研究[*26]なんですが、日本語でも概要が翻訳されていて、「失われたアインシュタインたち─イノベーションとの接触は、発明者の育成にどう影響するか[*27]」という、うまいタイトルがついています。将来の発明家になる天才たちっていろんなところにいる。必ずしも金持ちの家庭に生まれてくるわけではないと。

研究の中に小学校3年生の段階で、算数の成績が上位10%、5%に入っていると発明家として大成する可能性が結構ある。でも実は算数の成績だけでは足りなくて、同時に家が裕福かどうかというのが最終的な成功に関わっているんですね。両方揃っていないとダメだという話なんです。

ヒオカ　成功には才能と、家庭の経済力の両方が必要ということですね。

山口　両方揃うとドーンと成功するんだけど、算数ができるだけとか頭の良さだけだと最終的には成功しないということなんです。

ヒオカ　残酷ですが、今の社会でさまざまな分野で成功している人たちを見ると、明らかに本人の才能や努力だけではない、生い立ちのアドバンテージが影響していますもんね。

山口　グラフですごく綺麗に出ています。これは社会にとってどういう意味があるかというと、「失われたアインシュタインたち」というタイトルの通り、再分配が行われないと本来は社会にイノベーションをもたらしてアメリカ経済を引っ張ってくれるような人材と能力を永遠に眠らせたままになってしまう。それは社会にとってどれだけの損失なんだという話ですね。

ヒオカ　スポーツの話にたとえると、そこに将来の大谷翔平《しょうへい》がいたかもしれないし、将来の羽生結弦《はにゅうゆづる》がいたかもしれないけど、貧困ゆえに挑戦する機会すらない社会では、そういった才能が眠ったままになるということですよね。スポーツで成功するには莫大《ばくだい》なお金がかかります。

山口　上に行けば行くほどお金がかかるでしょうね。

ヒオカ　野球部に入ったら道具とかお金かかりますし、遠征代ってめちゃめちゃかかる。強豪校ってだいたい私立になるから学費もかかります。そういう意味では音楽家などもそうですが、やはり家庭が経済的に恵まれている場合が多いです。

山口　そうですね。

ヒオカ　かつ親族に音楽家がいるみたいなケースも少なくない。今の社会では貧困層から文化人もスポーツ選手もほとんど出てこない。

山口　そうでしょうね、環境がいかに大事かということです。才能のある子がそもそも金持ちの家にしか生まれないのだったら現状はそれでいいのかもしれないですけど、実際はどこの家に生まれてくるのか全然わからないわけです。みんなが一定水準の教育なりスポーツなり体験なりの機会が与えられていないと、社会をリードする人物というのが生まれないままになる。結局社会全体にとって損ですよね。

ヒオカ　再分配には累進課税が必要ですが、累進性の意味って何とお答えになりますか。そこにも疑問を持つ人もいるのが現状です。

山口　多くある人が少ない人に分け与えること自体に、正直疑問を持ったことがなかったです。

ヒオカ　私もなかったです。だから話がかみ合わないんです。前提がちぐはぐだから。なぜ貧困の連鎖がダメなのかとか、そういうレベルの話からしないといけない。

山口　再分配すること自体は社会全体にメリットがあるんです。不平等な中で自分だけお金を持っていても全体が豊かじゃないと使い道が限られてしまう。スマホがない世界だと少しつまらないように、イノベーションが起こることでいろんなサービスや製品が生まれると、お金を使って楽しいことが広がっていく。でも、再分配がないと、そもそもそういうサービスや製品が生まれてこないから、お金はあってもつまらない世の中になってしまう。存在さえ知らないと気にならないんだろうけど、再分配がきちんと行われていれば、本当はもっといいプロダクトがあって楽しい世の中になってたはずなのに。こういう損得の話というのは一つの説得材料ではありますが、でも本当はそういう説明はいらないんじゃないかと思いますよ。

ヒオカ　税金の累進性がないと、社会の持続可能性がないという言い方もできますよね。

山口　もちろん累進性の度合いをどれくらいにするとか、そこは議論があるんですが。

ヒオカ　現状は富裕層の課税が弱いのかなと感じます。低所得者層と中間層の手取りが少ないっていうところで、たぶんみんな憤りを感じていると思うんです。

山口　少子化対策に付随した給付の話でいろいろ意見を見聞きするんですけど、一つは財源の話。少子化対策にしても、これだけのことをやると足りないから消費税を上げるしかないという意見はあるんですが、よく言われるのは、集めた消費税を本当にちゃんと使ってくれるのかという反論です。その点で政府に信頼がないのは大きな問題だと感じます。

ヒオカ　それは大きいですよね。

山口　高福祉国家を見てみると、税金をすごく取るんだけど、みんな納得感あるんですよね。本音ではいろいろあるとは思うんですけど、おおむね納得感はあって、そういう国では、国民の政府に対する信頼は高いんですよね。

ヒオカ　日本だと増税したところでちゃんと少子化対策に使われるんですか、という不安がある、と。

山口　そうなんです。そういうのをやっぱり今まで日本政府がちゃんとやってこなかったことのツケがある。情報開示をしないし、官僚は嘘《うそ》をつくし、文書を捨てる。だから再分配といっても、「どうせ分配しないで自分たちで回しているだけだろう」と思われる。

ヒオカ　「たくさん税金が取られて弱者に使われている！」という人たちも、ちゃんと自分たちにも恩恵はあるんだという納得感があれば、また違うかもしれません。

山口　それで世の中が良くなっていると感じる機会がないんでしょうね。仮に高福祉に日本を動かしていくのだったら、政府への信頼というのは絶対必要な前提です。

ヒオカ　今、少子化対策の予算を社会保険料から出すみたいな話になっていますよね。

山口　実質税金ですよね。どうせ払うしかないんだから。

ヒオカ　社会保険料が上がったら、結局手取りが減りますよね。

山口　消費税と社会保険料の大きな違いは、それを引退世代から取れるかどうかです。

ヒオカ　社会保険料だと現役世代のみからしか取れなくて、引退世代の高所得者層からは取れない。でも消費税だと全部の世代から取れるということですね。

「税金」に対する大いなる勘違い

ヒオカ　本来、所得の再分配というのは社会を維持していくために必要だと思いますが、税金の負担が重いのも実情です。みんなが苦しいという現状も、納税額が少ない低所得者へのバッシングが起きる要因だと感じます。

山口　税金に対する考え方がそもそもだいぶおかしくて、税金というのは払ったら自分の手を離れているわけで、たくさん払ったら権利がたくさん生じるようなものではないんですよね。

ヒオカ　SNS上では、「稼げば稼ぐほど税金を取られて無能に流れる」という声も聞かれます。[*28] 例えば保育料。高所得者だと7万円くらいでしたっけ？

山口　8万円とか。

ヒオカ　低所得者だと……。

山口　ゼロですね。

ヒオカ　自分が7、8万円払っているから、低所得者＝頑張っていない人が、多く利益をもらっているという捉え方なんですね。

山口　一方で制度の問題があって保育所を全く使えていない人もいます。

ヒオカ　所得税は働いた人への罰という感覚があるんですよね。働いて納税している人のおかげで働いてない人が飯を食える、養っているんだと。生活保護制度のために税金を払っているわけではない、というメンタリスト DaiGo 氏の発言[*29]もありましたが、税金制度への基本的な理解ができていないことが大きな問題だと思います。

山口　教育の中で学ぶことがないですからね。

ヒオカ　もし税金の考え方を聞かれたら、何と答えられますか。

山口　考え方で言うと、後払い、出世払いのようなシステムなんだなと思ったほうがいいです。商売で成功する、あるいは働いて労働者として成功するまでのところで、さまざまな社会のシステムを利用しているわけです。教育制度にしてもそうだし、ビジネスをやるのだったら、ビジネスに対するさまざまな公共サービスやサポートがあるわけですよね。

それを無料なり低価格なりで使って利益を享受しているわけです。そこで成功したら多めに払ってもらうというような形になっているんだという解釈をしてもらうといいのかなと思いますね。

ヒオカ　納税者としてある程度使い道を批判する権利は当然あるんですけど、それにしてもちょっと歪みすぎているというか。弱者に使われるのは許せないという考えがあまりに根強いなと思います。

所得の再分配って共通理解として必要ですよねというのがもうなくなってきていると感じます。「働き損」みたいな感じでしか捉えられていないし、それが極端な考え方ではなく、一般的な考え方という認識になってきているように思います。それくらいみんな生活が苦しく、余裕がない社会なのだと思います。

あと、コロナの給付金や物価高手当で、なぜか政府は対象を非課税世帯に絞りたがりますよね。おかげで毎回非課税世帯バッシングです。「普通に働いていればそうはならない」「納税していないのに養ってもらっているやつら」みたいに。非難の矛先が違うと思います。非課税世帯に絞るのは私も本当におかしいと思っていて、単身世帯だと非課税世帯って100万円くらいですよ。条件が厳しすぎて、私も毎回呆《あき》れます。年収200万円くらいのワーキングプア世帯に全く届かないじゃないですか。

山口　極端なんですよね。もらえるかもらえないかの二択しかない。

ヒオカ　低所得者に与えたいわけでもないいんだって思いますよね。それとも政府は年収100万円という水準じゃないと低所得だと思っていないとか……。

山口　払いたくないのか、一番低いところで線を引いてますよね。

ヒオカ　こういった給付金も全員にいったん払って、課税で累進性にするべきという感じでしょうか。

山口　そうです。本当は給付金も課税所得にすればいいんですけどね。

貧困対策は社会への投資

ヒオカ　先生の本で「私的利益」と「社会的利益」というワードが出てきます。「個人が享受する利益」か「社会全体の利益」か、ということですよね。貧困層への支援で貧困が改善することって、支援を受けた本人たちだけが得をするだけの、私的利益だと思われているじゃないですか。でも、実際は社会的利益のはずなんです。

山口　本当にそうです。しかも、社会全体がかなり儲《もう》かる類いの話なんですけどね。

ヒオカ　幼児教育が果たす役割を知ると、長期的に犯罪率や失業者を減らすとか健康のリスクを下げるとか、どう考えても社会全体の負担を減らしているじゃないですか。

山口　貧困家庭への支援を投資と捉えられないのは、想像力に乏しい感じがするんですよ。社会科学をやってデータを見ていくと、実にいろいろな形で人と人はつながっているなと感じさせられます。空間についてもそうだし、時間についてもそうですよね。30年後、40年後の社会が良くなるとか、同世代でも会ったことのないような人が、実は自分の生活をまわり回って良くしてくれる可能性があるとか、その辺の時間・空間を通じた人と人とのつながりを感じられないような想像力の弱さが問題だなと感じますね。

ヒオカ　生活保護受給者への風当たりの強さもそうですよね。生活保護費を減額した自治体の決定の取り消しなどを求める裁判が全国で行われていますが、地裁レベルだと見解が分かれて、高裁でも減額は妥当という判決[*30]も出ているんです。この報道に対して、「働いていないんだから当たり前だ」「生活保護費が低くないと働かない人が増える」など、原告を責める声が大半です。
でも、生活保護費が減額されて最低限の生活が保障されないことって、生活保護受給者だけに関係する話ではないはずなんです。誰もが生活保護受給者になり得るし、社会の最低限のセーフティネットが機能していないということで、それは誰にとっても大きなリスクだと思うんです。でも完全に生活保護受給者だけの話になってしまっています。叩かれている理由の一つに、ワーキングプア、最低賃金レベルで働く人の給料より生活保護費が高いということはありますが。
山口　逆転現象がありますよね。
ヒオカ　働く人が報われないのはやはりおかしい。でも、「生活保護費を下げろ」というのが不思議で、「最低賃金のほうを上げろじゃないんだ」って思いますね。日本人の弱者観の話になりますが、働いていない人には罰を与えないと就労意欲が湧かないという考えがすごく根強いなと思うんです。罰を与えないと気が済まないというか、公平性を守るために下を下げなきゃいけないというのは、ちょっと独特な価値観な気もするんですよね。
山口　逆転現象を是正しようというところまではわかるんだけど、下のほうに下げて合わせようというのは明らかに違いますよね。

ヒオカ　不公平感はもちろんわかるところもあります。特に子どもが多い世帯だと、普通に働いている人より生活保護費が高いことはあり得ると思います。でも、生活保護費が生活できないレベルに引き下げられてしまうと、セーフティネットが機能しない。それは誰にとっても脅威になり得ると思うんです。

山口　自分の目先のすごく近い将来、狭い範囲で損得を評価して、「別にこれ自分の得にならないからその政策はいらない」というふうに感じるようになっているのかな。非常に想像力に乏しいなと思いますね。

稼ぐ能力はどこからくる?

ヒオカ　所得の再分配への反発や、税金を多く納めた人が低所得者を養っているという発想って、所得に能力と努力が正比例するという前提があると思うんですよ。でも実際は中間で搾取される人がいっぱいいるじゃないですか。努力しても、能力があっても、必要とされている仕事に就いていても低賃金ということはいくらでもありますよね。能力と努力が相関するとかいう前に、労働市場の公正さがそもそも達成されていない段階でいくら所得が高くても、完全に自分の努力の結果だとは言えなくないか、と思っちゃうんですよね。

山口　そうです。能力と所得はもちろん相関は強いんですけど、全然一対一ではない。そもそも、じゃあその能力はどこから来ているのかという話になると、本人由来の部分だけでは決してないですよね。親や家庭環境にも影響を受ける。その例としては、同じ家庭の中でも第一子かどうかというのは、実は結構違いを生むんですよね。第一子はいろいろ有利なんです。親から時間とお金の投資を受けやすい。[*31] きょうだいの中で何番目に生まれるかというのは、運以外の何物でもないわけですから。

ヒオカ　長男のほうが稼げる能力が高くなりやすいということですか?

山口　教育水準も所得もすべて高いですね。

ヒオカ　あと、早生まれの人もいろいろ不利だと言われていますよね。所得と親・家庭環境や生い立ちは関係があるということですね。

山口　もちろん同時に運の部分も多いです。たまたまいい仕事が見つかったとしか言いようがない部分もあるでしょう。

ヒオカ　稼ぐ能力にダイレクトに関わってくる非認知能力と学歴は、高所得の家庭の子どものほうが有利になりますしね。

山口　たとえ給料の大部分が能力で決まっていたとしても、そもそもその能力がどこから来たのかというところまで考えを及ばせないといけないわけです。さかのぼっていくと運としか言いようがない。たまたま都市部に生まれたとか、たまたま両親が大卒の家に生まれたとか。

ヒオカ　あとは障害を持っている人だと、本来の能力が生かされるような仕事や働き方をまだ社会が整備できていません。障害を持つと急に職業選択の自由がほとんどなくなって、暮らしていけないほどの低賃金で、障害者年金があったとしても一般の人の収入に届かないことも多い。知的障害や精神障害においては、実質差別されている感じです。能力があっても努力しても報われない人たちがいる。そこが見落とされていると思います。

少子化は「人権問題」である

ヒオカ　貧困家庭で育った実体験を書いたとき、「貧乏なら子どもを産むな」「貧乏なのに子どもを持つからそうなるんだろう」というDMがよく来たんですが、真に受けると傷つくから流していたんですよ。でも、最近の少子化の話を見ていくと、そういう考えって結局つながっているなと思うことがありました。貧困や障害がある人が子どもを産んではいけないということは、収入が安定している健常者で、子どもを大学まで卒業させられる保障のある人だけが子どもを産むべきということですよね。実際にそういう意見はよく目にします。個人の責任が究極に大きくなっているんです。若者の産み控えは、ちゃんと自力で全部最後まで、高等教育まで出せるという状況じゃないと産めないという強迫観念から来ると思うんです。もちろん誰しも万全の状態で産み育てたいと思うけど、予期せぬことで貧困に陥る可能性は誰にでもあります。

山口　すごくハードルが高いですよね。

ヒオカ　別に子どもが増え続けていた時代って、決して経済的に豊かだったかというと、そうでもないじゃないですか。それは、完全な状態じゃなくても産んでよかった、というのもあるんじゃないかと思います。逆に今って、貧困と少子化がすごくつながっているなと思うんです。なぜかと言うと、貧困とか、障害や病気がある子どもが生まれても自助できない人は子どもを産んじゃいけないみたいな価値観・社会的な圧力が過剰に高まっているから。まさに私に来たＤＭの「貧乏なら子どもを産むな」みたいな価値観が少子化を進めているんじゃないかとすごく思いました。

山口　そうですね。だから「少子化をなぜ解消すべきか」というのは、もちろん社会保障財政の安定とか経済的な理由もあるんですけど、基本的人権レベルの話でもあると私は思うんです。「最低限、家族を持ちたい」という望みがある程度以上かなえられるようにするのは、人権というレベルの誰にとっても認められるべき権利だと。もちろんお金はかかるから幅はあるんだけど、基本的な理念としてはそれでいいと思っています。

「子どもを持ちたい」と思っている人が、みんな持ちたいと思う数を持てたら、出生率は１・８（希望出生率）くらいになる。しかし実際は現状１・26なので、こんなに開きがあるということは、最低限の人間らしい生き方が達成できていないことが端的に数字に表れているんじゃないでしょうか。社会的に大問題だと思うんですよね。数字にするとドライで「１・26は少ないなあ」くらいだけど、その背後には、本来だったら満たされているべき人間の基本的欲求が満たされていない。家族を持つことができない、子どもを持つことができないというのは、多くの人にとって大きな部分を占めるはずなのに、それができていないのは、社会に相当問題があるというシグナルになっていると思います。そこを達成できるようにしていくというのは、社会保障財政の安定云々とは全然別の次元で解決しなきゃいけないなと思いますね。

ヒオカ　結局、自分の意思に見えても社会的な影響を受けてるじゃないですか。そう思ったときに、結婚とか子どもとか「そもそも希望しているのか」という意思の部分に、社会の状況が影響していると思うんです。それが自覚的じゃないとしても、そもそも、そういう意欲すら湧いてこない状況はあると思うんです。

山口　そうなんですよ。あまりに社会状況がひどいと希望を持つほうが疲れちゃいますもんね。希望出生率の1・8というのも、ある意味、本当の希望の「下限値」なのかなとは思います。本当はもうちょっと状況が良かったら、意欲も上がってきたりするでしょうから。でもそういう希望のない状況でもこんなに乖離があるというのは、ちょっと怖いなと思いますよね。

北欧などで出生率が下がっている理由もまだまだわからないところが多いんですが、個人としてのライフスタイルを重視するようになったみたいな話が報告書でも書かれています。[*32] それはそれで社会全体としては困ったことだという言い方はできるかもしれないけど、本当に本人たちが出産を希望しないなら、価値観や世の中が変わっちゃったからしょうがないという捉え方でもいいのかもしれない。日本でも、そういう側面はあると思うんだけど、経済が良くないとか、制度が整っていないということで、希望が達成できてない若い人がいるというのは憂慮すべきだと思うんですよね。

ヒオカ　確かに同じ出生率が高い低いでも原因は全然違うということはあって、「高福祉国家でも少子化進んでるじゃん」と言っても、日本とは単純に比較できないですよね。本当に最低限の社会福祉が達成された上での個人の選択なのか、そこまでいってない上でのことなのか。積極的選択なのか消極的選択なのかって、まるで意味が違う。あと北欧だと高所得者でも産まないことはあるのかもしれないけど、日本だとわりと所得が産むか産まないかに直結してるという現状を見たときに、それはどう考えても本人の選択だけではなくて、そうならざるを得ないという部分はすごく大きそうですよね。

あと、政府の少子化対策が、今まで正社員同士のカップルに向けられてきたという指摘がありますよね。大和総研の調べによると、「妻が自ら正社員として働く被保険者の出生率は上昇傾向にあるのに対し、専業主婦や非正規雇用で働く被扶養者の出生率は2015年ごろから低下傾向にある」[*33]と。結局は正規と非正規の格差、それこそ正社員同士のカップルで子どもを望む人が増えて、非正規の人は産み控えするという方向なのかなと思ったんです。政府の政策が正社員同士のカップルを重視しているとは、どういうことなのかなと思いました。

山口　産休・育休制度も、今は実質的に正規雇用の人が有利になっているわけです。フリーランスの人が取れなくなっているので、社会保険の適応範囲として拡大しようという議論があります。保育所も、夫婦両方がフルタイムじゃないと門前払いというレベルだったのを、「こども誰でも通園制度」という形で広げようとしているんですよね。

ヒオカ　改善しようとしている途上ということですよね。

山口　厚生労働省とかこども家庭庁は、福祉関係に対してやはり関心はあるので、そこを改善しようとする方向ではあるんです。でも、結婚まで行っていない段階、つまり結婚とか子どもを持つことに対して本当は関心あるんだけど、非正規で資産形成ができていないし、経済的な意味で将来の見通しが立っていないからできないという人に対する支援は、まだまだ足りていないですよね。そういった支援策は少子化対策にとどまらない労働市場政策や経済政策として位置づけるべきで、「子育て支援」というパッケージでやるのが本当にいいのかという問題は別にあるんですけども。

ヒオカ　誰だって条件を整えて産もうとするけど、その後も経済的に安定し続けられる保障なんてないじゃないですか。正社員で子どもを持ったって、稼ぎ続けられるかなんてわからないし、病気になって働けなくなるかもしれない。どうなるかなんてわからないので、前提がパワーカップルという制度設計だと、みんな苦しくない？　って思うんです。

山口　本当ですよね。社会で子どもを育てる形にシフトしていかないと、みんな苦しいんじゃないかなと思います。

ヒオカ　10年以上前ですが、政務調査会長だった石破茂《いしばしげる》現首相の発言で、「社会で子育ては間違いだ」みたいなものがありました。[*34]

山口　自民党の保守派の伝統的な考え方ですよね。

ヒオカ　びっくりしました。10年以上前の発言ですが、今も自民党をはじめとする保守派の考えは変わっていないじゃないですか。私は、社会で子どもを育てるほうが、結局は少子化対策になると思うんです。

山口　そうだと思います。

ヒオカ　ほっといてもみんな自分でなんとかしようとするじゃないですか。「自助自立」なんてあえて言わなくたって、子育てを最初から社会がやってくれると思ってる人なんていないですよ。実際、誰にも頼れなくて追い込まれる母親が多い。前提の認識が間違っています。公助がなおざりになって、「自助自立」を社会が求めすぎた結果、自分で全部やっていける自信が持てないと、「じゃあ産むのやめようかな」となるわけじゃないですか。

山口　ハードルを高くしすぎていますよね。逆効果です。

ヒオカ　でも最悪、自分が倒れても、病気や障害などで働けなくなっても、最低限の教育を受けさせることはできるとなったら、子どもを持てるという選択肢が考えられるかもしれない。

山口　それだったら産みやすいですよね。

ヒオカ　少子化対策で高等教育無償化を訴える専門家が多いのは、結局は児童手当などがあったとしても、むしろ手当がなくなってからが桁違いの負担になっていくからですよね。

山口　そうなんです。独り立ちするまでが結局心配です。だから、若い人材を社会で育てるという考え方をベースに子育てする親を支えていくのが必要なんですけどね。「貧乏なら子どもを産むな」って言うけど、そこに「将来のアインシュタイン」がいるかもしれないし。

ヒオカ　優生保護法の裁判がニュースになるたび、障害者の子どもは障害者になりやすいから、産まないほうがいいという声が聞こえてきます。もちろん、日本で障害者が生きていくための制度が整っておらず、家族の負担もはかりしれない。健常者でパワーカップルの親からも障害者は生まれますし、誰だって途中で障害を持つ可能性はある。障害者が生まれないように、ではなく、障害を持っても遜色なく生きられる社会にするためにできることを考えるべきだと思います。

山口　社会のほうに問題があるから障害者が力を発揮できない、という考えも今は根づいてきましたが、まだ、人権感覚に乏しいですね。障害を持っていなくても、いろいろ問題を抱えた人はいくらでもいます。その子どもは親からすると別人格なわけで、そのすべてにおいて親が責任を負うというのは、親にとってあまりにもリスクが高すぎるし、負担が大きすぎます。子どもを持たないことが唯一の正解であり、賢い人ほど子どもを持たないという社会にしたいのかと思いますね。

ヒオカ　でも今の社会の論調を見ると、もう「子どもを持たないのが正解」というふうになりつつありますよね。子どもを持つ人が困っている点をあげると、「じゃあ初めから産むな」「わかっていたことだろう」なんて言われてしまう社会ですから。こんな状況では少子化になるのも当然です。

山口　人間は生きているといろいろなリスクがあるけど、それを個人が引き受けると、みんなもう何もできなくなるんです。

ヒオカ　ほんとそう！

山口　だから人間は保険というものを生み出したわけじゃないですか。生命保険とか健康保険とか、保険という制度をいろいろな場面でうまく使っていかないといけないと思っているんです。奨学金の出世払い型制度も、一つの保険なんです。貸してくれるんだけど、失敗したら払わなくていいので、リスクを回避できるようになっている。個人だったら背負えないような大学進学というリスクだったら、みんな大学に行かなくなって、当然イノベーターが生まれてこない。でもリスクを個人で背負わなくていいんだったら、多くの人が行くようになるんです。もちろん中には失敗する人が出てくるんだけど、多くの成功者が生まれることによって社会は前に進んでいくんですよ。それと全く同じで、子育ても保険が必要ですよね。

子どもが生まれても、何らかの理由でちゃんと育てられないかもしれない、あるいは一生懸命育てたんだけど、子どもがグレちゃうかもしれない。何が起こるかわからないんだけど、もし個人でそのリスクや責任を全部背負わないといけなくなると、もう誰も子どもを持たないし、投資もしない。「投資しないことこそ賢い市民の行動」になってしまう。だから保険として、社会全体で一定のリスクは引き受けるという形にしないと、もう全く一歩も進まない。少子化のままですよね。

ヒオカ　子どもを産むことって、一番不確実なことですもんね。

山口　大ギャンブルですよね。

ヒオカ　どれだけ投資したって、望むような結果が得られないかもしれないじゃないですか。

山口　冷静な頭で損得勘定をすると、子どもを持つなんてできない。

ヒオカ　犯罪者になるかもしれない。「自助努力」で完全な保障を個人でしろというのは、少子化に直結すると思うんです。

山口　そういう人たちって世の中のいろんなことが、全部自分でコントロールできるという万能感が強すぎますよね。

ヒオカ　いつも思うんです。個人の裁量を見誤っているなって。人間ってそんなに万能な生き物ではないんですよ。

データを見れば「自己責任論」は言えなくなる

山口　社会科学でデータをいじってきた人ならたぶん全員思うんですけど、良くも悪くも、「世の中、運ってすごいな」というのがあるんです。自分がやってうまくいかなくて、もしそれが能力から来ていたのなら、救いがないじゃないですか。

ヒオカ　全部自己責任みたいな。

山口　でも、相当運がデカいんだなというのがわかって、ちょっと救われた感覚を持ったのは、大学院生のときです。今でも覚えていますね。決定論的な感じではなくて、「世の中は偶然に満ち溢れていて、成功も失敗もそういう中で起こるもので、あらゆる結果に自責的にならなくていいんだ」というふうに感じました。

ヒオカ　先生は以前、ご自身が自己責任論者に陥りそうだったとおっしゃっていましたよね。

山口　そうですね。だって私立の中高で慶應義塾大学に行ってとなると、一歩間違うとネット論客になりかねない感じですよ（笑）。

ヒオカ　私はそういう感覚が全然わからないので……。エリートって、どんな感じなんですか。なぜそうなるのかなって。

山口　まずは、自分の現状肯定ですよね。

ヒオカ　あー、俺は能力がある、みたいなことですか？

山口　東大なり慶應なりにいるというのは、もうすべて自分の成果であると思うわけです。

ヒオカ　なるほど。

山口　だから、当然他人より上に立てるという優越感につながるわけです。20歳ぐらいの子って、まだ社会的には何者でもないからすごく不安定で、不安でいっぱいなので、「自分はひとかどの人物だ」「将来性がある」「優秀なんだ」と思うことで、安心したいんですよね。だけど、いろいろ勉強すると、自分の今の立場があるのは、たまたまだということがわかるんです。

ヒオカ　先生のすごく印象的だった言葉が、「学問を究めると、データをいじると、自己責任論はなくなる」と。

山口　そこは感じましたね。

ヒオカ　データを見れば自己責任論はなくなるって、なんか本のタイトルになりそうな秀逸な言葉ですよね。実際に統計で分析をされて、やっぱり自分の能力以外、自分の選択や意思以外で決まるものがあまりに多いということを実感されたということですよね。

山口　そもそも能力だと思っているものも、相当偶然の積み重ねでできていますし、今持っている能力と呼ぶものは、そもそもどこから来たのかという話なんです。よく考えたら親も大卒だった、実家にお金があった、いい先生に出会えた、いい地区に住んでいた、いいクラスメートがいたとか、そういった要因の掛け合わせなんです。逆に、そうではなかった場合、だいぶ違ったことになっていただろうなというデータをいっぱい目にするわけです。

ヒオカ　先生に初めてお会いしたとき、すごく印象的だったのが、ご自身が「恵まれている」というのをはっきりおっしゃっていたこと。しかもめっちゃナチュラルに、からっとおっしゃっていて、拍子抜けしました。自分が恵まれていると認識していて、さらにそれをサラッと言える人って意外と少ないんです。私が多く見てきたパターンとしては、たいてい自分のアドバンテージを過小評価する傾向があるんです。環境に恵まれたのではなく、あくまで自分の努力でその位置まで行ったと思いたいものです。

山口　そうなんだと思います。

ヒオカ　例えば有名大学に行けた、起業資金を調達できたといったことをすごく自分の能力や努力の結果のように語る。もちろん本人の努力の部分も大きいと思います。一方で、やはり若くして結果を出している人って、本人は認めなくてもお決まりのようにめちゃくちゃ実家が太い場合が多いです。本人はいい大学に行ったことや留学したことを自分の勇気、行動力の結果だと思っていることが多いんです。
多くの場合「自分の実家は別に裕福ではなくて」と言うんですけど、比較対象が都内の私立中高一貫校の中だったりする。自分の階層を客観視するって、意外ととてつもなく難しいことなんですよ、きっと。だからこそ山口先生が「僕は恵まれてますからね」っておっしゃったのを聞いて、おおおおってなって。

山口　それは、私が40歳を過ぎていて、仕事もしっかりあったというのが大いにあります。そこで自分は恵まれているということを認めても、失うものが特にない。
東大の先生方が、「君たちは恵まれている」という話を東大生にするときに気をつけるのは、「君たちは努力もしたけど」という入り方でいくこと。そこをまず認めて、学生に安心してもらってから、「でもこういう要素もあるよね」というふうにやらないと話を聞かないんです。大人になってようやく仕事も安定すると、「ほぼ運だったたな」と後になってわかるんですけども。

ヒオカ　私もよく強者性を自覚することが大事なんて言ってますけど、自分でもすごく難しいと思うし、自分の特権に無自覚であることに気づかされて、反省することばかりです。

山口　やっぱり20代は不安定なので、本当に強くならないと自覚できないと思います。

なぜ日本は「自己責任論」が強いのか

ヒオカ　日本語の「自己責任論」っていうニュアンスは、外国ではあまりない独特の考え方という話を聞いたことがあります。

山口　それは確かに、私も耳にしますね。アンケートなんかでも、貧しい人とか困った人を政府が助けるべきかみたいな質問に対して、日本は圧倒的にノーが多い。そういう感覚は、データ[*35]にも出ていますね。

ヒオカ　弱者に対して、基本的に社会とか政府がコストを払うということ自体が、あんまりいいことだと思われない風潮はあります。あんまりというか、ものすごく反感を買う、と言ったほうが正確かもしれません。バリアフリーに対する考え方もそうです。駅の乗車券の金額をちょっと上げてバリアフリー化を進めることになると、すごく反発があります。一部の人を助けるために全体がコストを払うことに対して、すごく拒絶反応があるのは感じます。

山口　労働者の権利的な話が盛り上がると、急に経営者目線で、そんなものを認めてしまったら経済がおかしくなるみたいなことを言いがちですよね。そんなに恵まれてるように見えない人が急に強者の側の擁護に回ったりするのは、ちょっと不思議に思います。どちらかというと、その本人も一緒に弱者のサポートに回ったほうが得するんじゃないかというふうに見えるんですけど、そうじゃないポジションの取り方をわざわざすると。

ヒオカ　「低所得者はお荷物」「会社に不満があるなら転職しろ」みたいな新自由主義、自己責任大好き系統のインフルエンサーの意見ってすごくウケがいいんです。強烈な支持を集めやすい。

山口　そういうインフルエンサーの人は確かに絶対強者だからそれでいいんだろうけど、そこに乗っかる人たちに関しては、その意見のような社会になって困るのはあなたたちだぞというふうに思いますよね。

ヒオカ　そうですよね。本当に一部の強者インフルエンサーだと、確かに働けなくなっても生きていけるぐらいの資産はあるでしょうね。一方で一般市民が、「働かざる者、食うべからず」みたいに言うのは不思議なんです。ベストセラーになった村中直人さんの『〈叱る依存〉がとまらない』（紀伊國屋書店、2022年）という本の中では、人間が持つ処罰感情[*36]について書かれています。SNSで他人を叩くと、すごく快楽を覚えるとよく言います。懲罰的な思考から来る弱者叩きも同じ理由で、無自覚だとしても快楽が得られるんじゃないかと思うんです。生活保護受給者などに対しては、「働かない人は罰を受けて当然」「叩いていい存在だ」と認定されている部分があるように思います。

山口　そうか。弱者を叩くことで自分が罰する側に回るわけですね。何かを批判しているときに脳の反応を見ると、すごく活発に動くという話を耳にしました。

格差は本当に広がっているのか？

ヒオカ　日本は格差社会だ、格差が広がってる、と言いますよね。実際のところどうなんでしょうか。

山口　格差の拡大が大きく見えるのには理由があって、これは高齢化が大きいんですね。例えば、若いうちはみんな稼いでいないからそんなに差がつかないじゃないですか。20代だと所得の上位と下位でそんなに差はつかないけど、所得の違いがどんどん蓄積されていくと、例えば80歳になったらすごい差になる。ということは社会の平均年齢が上がれば上がるほど、格差指標というのは何で測っても大きく見えるのは間違いないです。

さらに高齢化が進み年齢が上がると、自然と今までの蓄積が大きくなってきて差がついてしまうんですが、その年齢構成を調整しても、やっぱり格差は広がっているんですね。例えば、現役世代の20～40代ぐらいで、まず所得で差がつくようになってきて、さらに保有資産の差もつくようになってきています。やっぱり、確実に格差は広がりつつあるんですよ。ただ、「アメリカに比べたら大したことない」というのはそうだし、今、言ったような年齢構成の調整をしてないと、実態以上に格差が大きくなったように見えるというところはあります。[*37]

ヒオカ　高齢化のバイアスを取らないといけないということですよね。それを差し引いても、確かに今の時点で社会を見渡すと凄まじい格差があるなというのは感じます。どう見てもえげつない格差というのはあるし、あるデータ[*38]だと日本は上位10％の資産が全体の57・8％、最上位1％が4分の1を持っているみたいな状況です。下位50％が保有している資産は全体の5・8％という。
　これって確かに、芸能界のトップにいるような人は一人で数十人、数百人分稼ぐだろうから、かなり大きな格差が生じるのはわかるんです。ただ、一応、社会として再分配はしてるわけじゃないですか。稼ぐと税金めっちゃ取られる、とよく聞きます。それなのに、なんでここまで格差が広がるんでしょう。
山口　一つ大きいのが、技術進歩だと言われています。ＡＩなんかは特にそうなんですけど、爆発的に一部の人の生産性を高める技術が生まれた一方で、別の人々がそれまで行っていた仕事を奪ってしまった。ある特定の層だけの能力が最大化されて、別の人には全く恩恵がないんです。ここ40年くらい自動化技術が進んでいるし、近年ではコンピューター関係の技術が発達して非常に大きな差がついてしまった。ハイスキルの人に対する労働需要が高まったし、一方で高卒の人に対しては、「あなたの仕事は機械が取って代わります」というような形になってしまったというのは、結構、大きいと言われていますね。[*39]
　もう一つは、グローバリゼーションの影響です。特に中国との貿易でアメリカなどには結構はっきりと表れたのですが、製造業中心の地域は壊滅的な打撃を受けたんです。経済学の理論で習ったと思うのですが、それぞれの国が相対的に得意な産業（比較優位）に特化して貿易を行うと両国とも今までより豊かになる。ただし、これは全部を足したときに前より豊かになるのであって、国の中で誰が果実をもらって、誰がもらわないかということについては、別の話です。結局、貿易に関わる人、あるいはもともと資本を持っている人たちはたくさん稼いだ一方で、いち工場労働者たちは全然稼げない。再分配が行われれば、みんなハッピーという話になるはずだったのですが、結局、それが行われなかったので格差だけが広がってしまって、アメリカでは政治的な分断にもつながりました。[*40] 日本でもそういう傾向はあると思うんですよね。

じゃあ、なぜ再分配が進まないのかというと、税制の問題もあるわけです。トップの人たちに対する実質的な税率がどんどん下がってきている。[*41] しかも、トップ1％の金持ちというのは、国境を越えて動くんですよ。こういう人たちに対して課税しようとして、いろいろ法律や制度を作ろうとするんだけど、逃げるほうが楽なんです。[*42] 1％ならではの財力を使って抜け穴を探していく。

そういうふうに動かれると、国際的に協調しようとしても、金持ちに来てほしい国というのがあって、そこがタックス・ヘイブン（租税回避地）になるわけですよね。国同士の競争が起こってしまうので、金持ちはそういうところにどんどん自分たちの財産を動かしていく。かといって他の国は逃げられないようにするために、なかなか税率を上げられない。ようやく最近、先進国間で協調して税金をかけて、アマゾンみたいな巨大企業からもしっかりと税金を取っていこうという流れができてきたんだけど、この動きよりも早く対抗手段を彼らは見つけるという形になっています。

ヒオカ　イタチごっこですね。

山口　制度とか法律を準備するのは、すごく手間がかかるんですよね。なので、どうしても遅れてしまうというのも、一つの大きな原因です。

今こそ投資と再分配を

ヒオカ　再分配って本当に要ですよね。格差や貧困問題の根源的な部分だと感じるんです。

山口　「分配なくして次の成長なし」と岸田前首相が言ったときに、「朝日新聞」で「人への投資　再分配で可能に」というコラムを書いて、ちゃんとサポートするつもりで経済学の文献を引いたりしたんですけど、岸田さん、途中から言わなくなっちゃった。

ヒオカ　あれ？

山口　再分配が必要な理由の一つは、優れた才能というのはどこに生まれるかわからないということ。貧しい家庭にも出てくるから、そういう人にも教育の機会を用意する必要があるんです。もう一つは、社会での合意形成を行うためです。政治的なプロセスに問題があるために社会の中で格差が生じると、階層間で対立関係が出てしまいます。そうなると、社会全体で変えていこうという合意を形成することが難しくなってしまい、不安定な状態が生じてしまう。

社会が不安定な状況では、当然、投資はあまり行われなくなってしまう。民間企業の投資も行われにくくなるし、政府として社会全体のために投資するにしても意見がまとまらないような状況になると、当然、投資が起こらなくなってしまうわけですよね。

さらに、さっき言ったようなＩＴの巨大企業は、お金を使ってロビイングしまくって自分たちの地位を揺るがないものにして、新興企業の参入というのをひたすらブロックしにかかるわけです。将来、自分たちの脅威になりそうな芽を全部潰して回るみたいなことが起こってしまうので、全然イノベーションが発生しなくなる。むしろ格差が生じてしまうわけで、いろんな意味で経済成長、国全体の成長にはつながらないわけですよね。特定の個人は得したり損したりするにしても。

ヒオカ　自由競争が進めば進むほど格差は広がると思うんですけど、そこで再分配が全然追いついていないと思います。今、税率を見ると、低所得者でも、まあまあ持っていかれるじゃないですか。

山口　社会保険料は今すごいですよね。

ヒオカ　年収1000万の人の悲哀みたいなのばっかりXでは流れてきますが、現実は年収200万円くらいでも、まあまあしっかりした額を持っていかれる。みんな苦しいんです。どう考えても設計として、これでは低所得者は減らないし、結果的に社会が不安定になればなるほど、不健康な人や犯罪も増えてしまいます。社会全体のコストを抑えるという意味でも、再分配は必要です。

山口　そうだと思いますね。だから、本当は誰でも必要とするベーシックニーズについては、所得制限とかつけないで、十分にもらえるような形にするのが大事だと思います。

ヒオカ　今の状況は、どう考えてもいいと思えないんです。税率にしてもそうですし、再分配があまりに機能していない。

山口　ただ、なかなか合意が取れないんですよ。高福祉高負担みたいなものが、私は日本にもいいんじゃないかとは思うんですけど、「高負担」の部分がほとんどの人はノーだと言うんです。

ヒオカ　毎度のこと喧々囂々《けんけんごうごう》の議論になります。

山口　そうですね。本音かどうかわからないけど、ノーと言う人に理由を聞くと、「政府が信頼できないから」という意見は必ず出てきます。それは無理もないですよね。復興のための税金のはずだったのに、防衛費に転用しようという話が出てくる。あれはすごいなとは思いましたけど。それでは信用は得られないと思います。やっぱり、日本は政府に対する信頼が先進国の中では低位です[*43]。

ヒオカ　確かに増税でこれ以上生活が苦しくなるのはみんなしんどいですよね。結局、少子化の財源は社会保険料になりそうですけど。

山口　社会保険料でやる限り逆進性が生じます。社会保険料率は定率ですが、保険料算出の根拠となる所得には上限が設けられているので、一定以上の高所得者ほど所得に対する保険料負担率は低くなります。

ヒオカ　出た、逆進！　再分配の逆じゃないですか。

山口　ただ、たとえ今のような社会保険料の仕組みだったとしても、給付が人々の必要不可欠なベーシックニーズを満たすように行われるのだったら、全体としては再分配になるかなとは思います。ベーシックニーズというのは衣食住や医療、教育といった誰にとっても必要なものを指しますが、それは金持ちだろうが貧しい人だろうが、そんなに違わないものです。

現行制度（定率保険料）のもとでも、金持ちはより多くの金額を取られる一方、ベーシックニーズに基づいて行われる給付には貧富の差がないので、差し引きで見ると再分配が行われます。もちろん、金持ちは特別な食事・服・住居・教育を選択するでしょうが、それは公によって給付されるものではありません。そういう意味で、給付をニーズベースにしていくというのは、すごく大事です。

逆に、愚の骨頂だと思うのが、税金を決める際の所得控除ですね。今、高校生に対して児童手当を払う代わりに扶養控除を廃止するという話があるけど、私は実は悪くないと思っています。扶養控除というのは所得控除、つまり税金を納めるべき所得を少なくしてもらえるものです。所得税は累進課税ですから、所得が増えるほど、増えた部分にかかる税率は上がっていきます。例えば年収1500万円のサラリーマンがいたとします。この人の所得を仮に100万円控除できるようになると、だいたい43万円税金が減らせます。一方で、年収500万円の人だと、同じ100万円の所得控除でも減らせる税金はおよそ30万円です。これは高所得者ほど税率が高いことの裏返しです。

もっと極端に言うと、低所得で税を納めていないような人にとっては、所得控除のメリットは全くありません。税金を払っていないのだから、戻ってくることもないのです。だから、控除は高所得者ほど得をし、低所得者には恩恵が少ない制度なんです。控除ほど逆進的なものはないので、基本的にはやめたほうがいいと思っています。

ヒオカ　扶養控除の廃止はものすごく批判されていますよね。そこって解説してもらわないとわからない。イメージで見てしまうので。

山口　税額控除と所得控除がどう違うとかは、勉強しないとなかなかわからないですよね。

ヒオカ　フリーランスになってから余計に感じるようになりましたが、控除というのは、ものすごく市民にとって切迫したものです。一般レベルではなかなか何が長期的に見て効果的な政策なのかわからないから、控除をなくすと言われたら、ただ生活が圧迫されるだけだと感じて拒否反応が出てしまう。例えば社会保険料を財源にすると引退世代から取れないというのも言われないとわからない。増税って聞くと、うわあみたいな感じになるけど、引退した人からも取れますよと言われたら納得感みたいなものも違ってくると思います。

「再分配のパラドックス」というワードが出てきましたが、結局全部それだなと思っています。児童手当などの給付金もそうですし、低所得者支援全般も、制度が検討されても、だいたいどっかから潰しにかかる声が上がるんです。結果的に本来、再分配で得られたはずの社会の利益が感情論で潰されるということが、あちこちで起こっていますよね。これは、ものすごく大きな課題だなと思いました。

山口　自分がもらえないもの、自分が取られるものは全部潰してしまいたい、というのがありますよね。

ヒオカ　なので、本当に必要な増税もできないですし、何も前に進まないなという感じが印象としてありますよね。

山口　社会の仕組みというのは、なかなか実感しにくいんですね。例えば年金や医療といった社会保障でも、マイナンバーのような仕組みでも、総体としてはあったほうがほとんどの人にとって望ましい制度なわけです。だけど、政治や行政に対する不信を招くような行為があると、多くの人は政府が用意する社会の仕組みそのものに疑念を抱くようになってしまい、優れた制度でも回らなくなってしまう。

ヒオカ　「再分配のパラドックス」以前の問題になっちゃうわけですね。

山口　子育て支援も結局お金が用意できなくて、あんまり実現しないのかなという不安があります。結構なエネルギーを社会全体で注いで、議論はしましたけども。

ヒオカ　そもそも少子化が自分事だと思えない可能性がありますもんね。

山口　それは難しいですよね。少子化は社会として解決しないといけない問題だけど、結婚するとか子どもを持つとかは個人の話だから、自分とはつながらないという人もいる。

ヒオカ　子どもは嗜好品だと感じざるを得ない社会です。

山口　子どもはコスパが悪いみたいな話ですね。

ヒオカ　もはや現代社会では子どもを持つというのは強者の選択肢なので、自分が前提とされるカテゴリーに入ってないから、自分に利益がないところで議論されても……と思ってしまう。実際は独身かどうかにかかわらず誰にとっても関係のある話で、個々人の利益に直結する話なんですけど。

山口　つながりを実感できないですよね。

ヒオカ　なかなか難しいです。だから、生活保護受給者とか特定の低所得者への支援が拡充されると、すごく自分が損をするみたいな感覚になってしまうんだろうなと思います。

山口　風が吹けば桶屋《おけや》が儲かるみたいなレベルの話をされても……って思いますよね。実際は誰に対しても利益はあるはずなんですけどね。

ヒオカ　それにしても再分配の必要性って全然伝わっていないと思います。いくら累進課税が大事だ、社会の発展に必要だと言われても、稼いだら税金を取られるっていうのは確かにものすごく苦しいことではありますし。

山口　でも、いつも不思議に思うのは、なぜ消費税は上げられなくて社会保険料はこんなに簡単に上がるんだろうということです。気がつきにくいということだとは思うんですけど。消費税は最も負担に感じている税金だというアンケート結果[*44]が面白かったです。

ヒオカ　消費税は逆進的ですよね？

山口　そう。だから消費税と別の給付をセットにする国もあります。カナダだと年度末に所得確定申告すると、それに応じて還付金が来るんです。消費税には逆進性があるから、低所得の世帯には還付金の小切手が届くような形にしてバランスを取るんです。日本でも同じようにしてバランスを取れば、逆進的だという批判自体はクリアできるはずなんです。

ヒオカ　この話は今後も何周もしそうだなって思います。これからも至るところで「再分配のパラドックス」を見そうですね。

これからの社会に必要なこと——①同一労働・同一賃金の徹底を

ヒオカ　どんどん非正規雇用が増えています。非正規雇用って、少子化もそうですし、全体の貧困化の原因として大きいように思います。

山口　現代の最後に残った身分制度みたいになってしまっていて、非常に良くないですよね。非正規といってもパートタイムの場合は、選択肢としてはアリなのかなと思います。フルタイムではなく、パートタイムで働きたいという人はいるので。だからパートタイム＝非正規の部分は、特に本人が納得している場合はそれでいいと思うんです。

一方で今問題なのは、特に公務員に多いんですけど、非正規と正規で同じ仕事をしているのに、給料や待遇だけ違うというもの。それはどう考えても、露骨な差別というか、根拠が全くない。

ヒオカ　例えば窓口業務とか、やってることは同じなのに正規と非正規の人がいるんですよね。

山口　まあ言い分としては「いや違いがある」と返ってきますが、それは形式的なもので、実質的なものではない。そういう話は民間企業でも聞きますが、不合理な待遇の違いはあっていいものではないですよね。

ヒオカ　例えば正社員になるのが嫌だとか、本当に自分で選んでいる場合だったらわかるんです。でも、現状では一度非正規になると、正社員への移動がすごく難しい。非正規は昇進・昇給がない場合も多いので、50代でも手取り20万以下とか全然あり得る。当然、資産形成は難しいです。

山口　会社も非正規の人に投資しないですしね。

ヒオカ　人件費の削減という目的が大きいです。出版業界でもどんどんフリーランスが増えています。それはもちろん個人の選択もありますが。

山口　自由に仕事したいということですよね。

ヒオカ　ただ一方で、正社員として働けるなら働きたいけど、正社員として雇ってもらえないから、ある意味で消極的な選択をしている場合が少なくないと感じます。

山口　人々が労働に求めるものというともちろんお金なんですけど、同時に「社会とつながるのが仕事」という感覚が、特に日本人に顕著だと感じます。仕事を通じて社会とつながるという点で、非正規が二級市民みたいな扱いを受けることが、本人の幸福度とか自己肯定感とか精神状態にすごくマイナスになるんじゃないかなという懸念はありますよね。

ヒオカ　二重に不当な扱いだと思います。正当な給料をもらっていない、にとどまらないわけです。

山口　どうしたらいいんですかね。非正規労働者が多い問題って。

ヒオカ　「同一労働・同一賃金」を徹底していくように制度で直していくしかないですよね。

ヒオカ　賃金もそうですし、昇給や評価も？

山口　全部です。待遇全部。

ヒオカ　能力が認められれば、どんどん給料も上がっていかないといけないのに、全く反映されないところも多い。加えてずっと手取り十何万円の水準で果たして生きていけるのか。生きていけたとしても……という話です。

山口　日本の経済自体がすごく近視眼的になっている感じがあるんですよね。人間をコストだとするならば、経営者目線からしたら非正規をどんどん増やして給料なんかどんどんカットすればいいいし、それ以外の福利厚生もどんどん切り捨てたほうがいいに決まっているという話なんです。人を資産とか投資の対象として見ていないからそういう形になるのであって、もう少し人を大事にすると、こういうことはしないはずなんです。

そういう意味で、日本の経営層、リーダー層までもが非常に近視眼的になっていることが、非正規に対する扱いにつながっているし、さらには経済が成長していないことにもつながっているのだろうなと思います。なぜなら経済成長のためには絶対に投資が必要なはずなので。

ヒオカ　人件費をカットしても、国民全体が貧困になり不況につながったら、結局は企業の利益も得られなくなるわけで、自分の首を絞めると思います。

山口　社員を大事にすれば、社員の生産性ももっと上がって活躍するという未来もあり得たはずなのに、いま出ていくお金が嫌だから待遇を切り下げるとなると、士気も下がるし生産性も下がる。結局はいい商品、新しいサービスが出てこない。

ヒオカ　非正規が女性に多いというのも、すごく問題です。女性の高齢者って相対的貧困率が高い。非正規で働いてきたから基礎年金しか入っていない場合も多いと思います。専業主婦は別にしても、これからどんどん非正規の人が老後基礎年金だけという生活になって、女性の高齢者の貧困がどんどん増えてくるんじゃないかと思います。非正規に女性が多いのって、やっぱりジェンダーの問題も大きいですね。

山口　そこはすごく大きいですね。同じ仕事で同じ職種、役職で、男女だけを理由に給料に差をつけるというのは、さすがに今ではやってないところがほとんどなんですけど、当然女性差別がないわけじゃないので、給与の低い役割に押し込み、非正規だからということで正当化できちゃうわけですよね。

これからの社会に必要なこと――②教育機会の均等を

ヒオカ　他にも貧富の差をなくすというところで、「ここが必要じゃないか」という政策とか制度で注目されているものがあれば、お聞きしたいです。

山口　すごく気の長い話になるんですけど、根本的だなと思うのは、「教育機会の均等」だと思うんですよね。それを幼児期から大学の高等教育に至るまで、一貫して充実させるというのはすごく大事だと思います。そこが、長期的には一番コスパがいい。ある意味で安上がりだというふうに、これはかなり強く信じていますね。

ヒオカ　先ほども幼児教育の義務教育化は必要だとおっしゃっていましたね。それ以外でもありますか。

山口　あとは教員の質の向上。今、公立の学校では、教員の質がすごく下がっていると懸念されてます。なんと今の東京都の小学校教員の受験倍率は1・2倍。全国的には小中合わせた教員の募集倍率は3・4倍。3倍というと3人に1人だから、それなりに選ばれし者かなと思うけど、大概の人は3カ所で受けるから実質1倍だという話を聞いてびっくりしたんです。

ヒオカ　地方出身者なので東京に出てきて感じるんですけど、地方と都市部って進学校が公立か私立かというのが反転してますよね。地方だと進学校は公立なんです。公立といっても、もちろん幅はありますけど、だいたい県内でトップの進学校って県立だったりします。でも、都会だと逆じゃないですか。進学校が学費の高い私立となってしまうと、経済格差がもろに教育格差になってしまうんですよね。私も田舎だから、進学校に行けました。都会だと進学校は軒並み私立という場合もあるので、お金がない人が行けないじゃないですか。だから、都市部ほど教育＝課金ゲームの色が強い。えげつないですよね。

山口　そうなんです。学力水準を上げるためというよりも、他の子どもよりもテストの点で上に立つことが目的になってしまっていて、社会全体では壮大な無駄遣いだと思うんです。私立とか塾とかも含めて、そこで使っているお金を公立学校の教育に振り分けることができたら、もっとプレッシャーもなく、安く、みんなでいい教育を受けられると思うんですが。あとは、特に大学進学をもっと容易にすることも必要です。高校まではだいたいみんな行けるじゃないですか。大学は、まだ違うと思うんです。

ヒオカ　データ的には今や半数が大学に進学しているっていうんですけど、所得別に見る必要があると思います。「大学全入時代」なんて言いますけど、どこでも行けるというのはある程度高所得者の家庭のはずなんですよね。〝お金さえ払えば〟入れる大学が増えたというだけです。お金がないと国公立しか選択肢がなくなる場合が多いですが、そうなるとまだ全員が行けるわけではないです。受験料もすごく高いから、貧困だと併願なんてとてもできない。予備校もお金がかかるから浪人も難しいです。結局は貧困層で見ると、とてもじゃないけど全入時代なんてほど遠い。

山口　そうなんですよ。だから、その部分、意欲と能力のある人が高等教育を受けるように整備するというのは、まだ大きく変える余地が残っているなとは思いますね。

「Fラン」大学批判が見落としているもの

ヒオカ　なぜか教育機会の平等の話になると、「Fラン大学が増えてけしからん」みたいな話になるんです。インフルエンサーなども「Fラン」という言葉をよく使いますが、SNSでもFランはよく不満の対象になりがちです。補助金を使って「最後の夏休み」をやらせる場所になっている、みたいな。学歴コンプレックスがある人って、例えば、「地方大学から院で東大に行きました」みたいな人を超嫌うじゃないですか。学歴ロンダリングしたみたいな。恐らくその理屈で「Fランレベルで大卒って語られると、大卒の価値が下がる」みたいな感じで言っている部分もあるのかなと。実際、Fランと呼ばれる偏差値が低い大学でも、行く意味はあるんですよね？

山口　あるんですよ。経済的なロジックで意味があって、高卒だった場合と、あるランクの大学に行った場合とで、どれぐらい所得差が出るかというデータに基づいた計算ができるんです[*45]。そうすると、やっぱり偏差値が高いほうがリターンも大きいです。所得に跳ね返ってくるところが大きくて、例えば、国立大学とか私立でも高偏差値だと1年通うと9％ぐらい所得が上がるそうです。これが4年続くのでだいたい40％。結構、いい違いです。

ヒオカ　めっちゃ上がりますね。

山口　もちろん偏差値が下がっていくと、この数字というのは多少下がる。だけど平均で見たら、いわゆるFランでも平均で1年あたり4％は上がるんです。だから、一流大学卒の人から見たら半分にしか見えないかもしれないんだけど、とはいえ所得を1年で4％上げるのは簡単なことじゃないわけですよね。

それだけ伸びることというのは他にはなかなかないわけで。そういう経済的な意味では十分、理にかなっていると言えます。確かに所得の絶対額だと一流大学の人にはかなわないかもしれないけど、Fランの存在が役に立つかどうかというのは、Fラン大学に来る人がFラン大学に来なかった場合に比べて、本人が稼げるようになったかどうかが大事です。そういう意味では、「平均的には」役に立っていると言えると思います。

「平均的には」と強調しているのは、いろんな人がいて、Fラン出身でもすごく成功する人、伸びる人もいて、そういう人は1年あたりで10％ぐらい所得を上げるから、それこそ高偏差値学校に行ったのと同じぐらいのメリットを見いだせるんですね。ただ、低偏差値の独特のパターンとして、失敗する子というのがいる。来ないほうが良かった子というのが、確かに3分の1ぐらいいるんですね。

ヒオカ　残酷ですね。

山口　Fランに来たけど所得が増えなかったとか、あるいは減ったみたいな例がある。じゃあ、やめたほうがいいのかと言ったら、やってみないとわからないわけです。その子が

Fランに行って、「行かなきゃ良かった」となるのか、あるいは「国公立大学に行ったのと同じぐらい良かった」となるのかはわからない。教育は人的資本投資だから、他の投資と同様に一定のリスクはあります。

ヒオカ　それはそうですよね。たとえ高い偏差値の大学に行ったとしても、所得が上がるとは言い切れない面もありますし、あくまで確率の話ですもんね。

山口　その投資をやるべきかどうかというのを社会全体の観点から見たら、これはやらせるべきなんです。だけど、個人からしたらリスクがあるじゃないですか。このリスクを取り除いてやるのが、政策の役割になるんですよね。

具体的には、日本でも導入の話が進んでるのが、先ほどお話しした「授業料後払い」あるいは「出世払い型制度」と呼ばれるものです。これは、たまたまうまくいかなかったら払わなくても良いという形になるので、個人からしたら失敗リスクがなくなるんですよね。リスクは国なり貸付機関が背負ってくれる。うまくいったら、もちろん返さなきゃいけないんだけど、とはいえ差し引きで手元には多く残る。まだまだFラン大学というのは、そこに通う人たちにとっては経済的に豊かになるための手段になり得ます。

ただ、そこには一定数、不幸にも経済的な意味で失敗する人はいます。大学は出たけれども心身の不調でいい仕事に就けなかったとか、あるいは就職活動の時期にちょうど労働市場が冷え込んだとか。ただし、そこに対する救済的な手段として借金の返済免除を制度的に用意すると、いろんな人が挑戦できるようになるので、どんどん教育投資が進んで平均的にはうまくいく。これは国の経済力の底上げにもつながります。

あと、Fランの教育力を上げることも大事になってきます。たぶん高校の勉強内容が身についていない子も少なくないと思うんですよね。だけど、そういう子たちに教育をして、ちょっとでもレベルアップしてもらって社会で活躍して稼いでもらうというのは、決して社会的に意味のない話ではないですね。

ヒオカ　よくFラン大学の批判で、大学に遊びに行ってるみたいな、先ほども話に出た「最後の夏休み」というものがありますね。私は20代なのでよくわからないですけど、昔の大学生像を引きずってるという指摘を見たことがあります。私の実感としては、大学って忙しいし、単位取るのもそれほど簡単じゃないんですよ。みんなめっちゃ勉強してたんですよね。余裕に見える人は確かにいましたけど、そういう人って実はめちゃめちゃ頭が良くて要領が良い人なんです。教育機会の平等の話をしているのに、「低所得者を底上げしたって大学で遊ぶだけだ」みたいな大学生批判となぜか絡まってしまうんです。その人たちの言う遊びまくっている大学生って、いったいいつの時代の大学生像なのかなと、思ったりします。

山口　それを年配の先生たちも言うんです。「最近の子は授業に来ているから良くない」みたいなことを。授業の外でこそ学びがあるとでも言いたいのかもしれませんが、大学生が勉強しなかった自分の時代を美化しているんでしょうね。

ヒオカ　実際、そんな時代があったってことですか。

山口　学校に行っている人は格好悪く見える時代があったんです。80年代後半から90年代前半でしょうか。授業の質も良くなくて、私も大学に入って新しい学問に触れられるとすごく楽しみにして来たら、死ぬほどつまらない質の低い授業ばっかりでショックを受けたんです。今はそういう授業はだいぶ減ったはずです。

ヒオカ　今は授業に出ずに遊びまくっていたら、普通に「落単」しますよ。大学生は遊んでると言っている人は、80年代に学生だったんですね。

山口　教育の話ではよくあることで、教育政策の話をすると、みなさん自分の経験に基づいているだけで現状把握ができていないということがあるんですね。

奨学金制度の盲点

ヒオカ　先ほどの「出世払い型」の奨学金は、説明を聞くと一つの方法としてアリだなと思いました。でもまさに今、奨学金を返済している身としては、これからの子どもたちも大事なんですけど、今の世代が背負っている奨学金のことを政府には考えてほしいです。給付型奨学金制度は２０２０年から始まったんですよね。[*46]

非課税世帯だから対象だったのに、数年の誤差で給付型奨学金制度がなかったから利用できなかったということがあります。今の20代後半から30代の、子どもを産むまさに適齢期の人たちがその制度からあぶれてしまって、返済が苦しい。少子化対策の話だと、これから生まれてくる子たちの話なんだけど、その次の世代を産むのは今の奨学金返済が苦しい世代なのになと思いますね。

山口　今の奨学金制度は、免除とか猶予とかもかなり厳しいって、すごい批判されてますよね。

ヒオカ　それを全額チャラっていうのは現実的ではないのかもしれません。だから、出世払いの制度をすでに借りている人たちにも適用して、ある程度の年収に達していなかったら、部分的に免除するとか。そういう設計は今、返済している世代にも必要ではないでしょうか。それも、すでに頑張って完済した人が不公平にならないようにとか、めちゃめちゃデザインが必要だと思うんですけど。

山口　細かい設定が決定的に効いてくると思うんです。出世払い型って、大枠はいい話に聞こえるじゃないですか。だけど、実際には運用の数字のいじり方次第で、全然話が変わってきます。例えば所得が一定額以下なら返済猶予とか免除にするといっても、その基準額を高めにするとか、免除も100%じゃなくて一部免除にとどめるとか。借りられる範囲の検討も必要ですよね。授業料だけで済むかという問題がありますし、生活費もまとめて借りないと、勉強できないですよ。

ヒオカ　問題はそこですよね。授業料は、国公立の場合、低所得者だと全額免除と半額免除があったりします。でも、授業料以外の負担が結局大きい。生活費はもちろん、寮がなかったら家賃も社会人と同程度にかかるし、無収入で出費だけあるような状況になります。あと、教材費が馬鹿にならなくて、半期ごとに複数の教科の教科書を買いそろえないといけない。私は4000円の教材を指定してくる教授がすごく嫌いだったんです（笑）。本当にお金がなかったので、なんで半期しか使わないのに4000円なんだよって。パソコンも買わないといけないですし。

山口　パソコンが高い。PCルームに行くというわけにいかないですもんね。自分のパソコンがないと話にならない。

ヒオカ　私も1、2回生のときはパソコンなしで生活していましたね。本当に授業料以外のお金がすごくいろいろかかるんですよね。

山口　教育費と授業料って別ですからね。

ヒオカ　全然違います。授業料を無償にしたから「大学無償化」なんていうのは印象操作です。授業料を無償にしただけでは奨学金がないと貧困層は大学に行くのは難しいです。授業料って、教育費の一部でしかありませんから。

山口　本当にそう。息子が区立の小学校に通っていますが、結構お金がかかりますからね。

ヒオカ　公立の学校でも、すごくお金がかかります。

山口　小学生で結構かかるという体感だから、年齢が上がるに応じて中学校、高校になったら普通にもっとかかるわけですよね。だから、児童手当の引き上げは政治的には受けるかもしれないけど、そこにお金を使うよりも、教材費とか修学旅行とか、あとは給食費。そちらをカバーするような方向にどんどん持っていくほうが本当はいいとすごく思います。

ヒオカ　先生は、現金給付より現物給付のほうがいいとおっしゃってるじゃないですか。児童手当は現金給付ですよね。教材や給食など具体的な費用を減らすとなると現物給付になるから、そっちのほうが効果的ということでしょうか？

山口　みんなが使うものだったら、与えるべきだと思うんです。教育の充実が大事であると同時に教育、医療、介護とかベーシックニーズを満たすような現物給付というのが、すごく大事なんです。持ち出しなしで生きていけるようにしないといけない。さらに、ここに住宅も入ってもいいと思うんです。

教育って、ヒオカさんが言うように授業料だけじゃないんですよ。修学旅行だって必要じゃないですか。そういうところからお金を使っていって、持ち出しなしで子どもが立派な大人になるところまで持っていけると、経済的な不安も親からするとだいぶ和らぐだろうなと思うんですよね。少子化対策としても悪くないし、みんなが不安を持たずに生きていけるということになると良いなと思うんです。

ヒオカ　現金給付だとどこに使うかわからないという点で、現物給付のほうがいいということなんでしょうか？

山口　それもあるし、必要最低限のラインを超えて支給する可能性もあるわけですよね。そういう意味では、無駄が生まれてしまう可能性があるんです。制度によって、まず絶対必要な水準を保障するということが重要です。

ヒオカ　財源を確保しながら負担を減らすという方向に直球でいくために、現物給付のほうがいいですよということなんですね。

山口　そういうことです。

結局は親子であらゆるものが似る

ヒオカ　今までのお話を聞いてきて、とにかく親子であらゆるものが似る、というのが印象に残りました。データを触っていると、親子の相関というのはすごく数字として出やすい類いのものなんですね。

山口　そうですね。データを見るようになると当たり前という感覚になるんですけど、見る前の感覚を思い出すと、「親子ってそこまで似るものなんだ」という驚きがありました。特に遺伝的な傾向で見た目や身長が似るとかだったらわかるんですけど、遺伝的なものによって行動面までも似てくるというのは意外性を感じましたね。投票行動とか、健康行動、起業とか、リスクを取るかどうかみたいな行動や態度も、実は性格的な部分が遺伝によって決まるものがあって、その性格が今度、行動に影響を与えて、結果的に親子で似ているというところが特にあるかなと思います。

教育や学力については遺伝の影響がやや大きいのですが、所得や資産、投資といった経済面については、育ちの影響のほうが強めに出ることが多いというのが面白いなと思いますね。[*47]

ヒオカ　逆に言うと、生まれた時点である程度は決まってますよ、ということですね。経済学者って常にデータを見て相関があるかというところを見ると思うんですけど、その中でも親子間で顕著に出るっていうのはすごく面白いなと思います。経済学者の実感として、数字として出やすいですよっていう。

山口　遺伝の部分って、やっぱり動かせないとは当然思いますよね。問題は、じゃあ残りの半分が動かせるかということであれば、さまざまな知見が出てきています。幸いなことに、教育だとか社会福祉の制度だとかを使って、親と家庭環境の影響を軽くしていくことができるというのは、だいぶわかってきています。

例えば、北欧の社会だと、親子間での教育歴や所得についての相関がアメリカに比べると低いんですね。この背景には、幼児教育も含めて公的な教育制度が北欧ではアメリカよりも整っていることがあると指摘されています。出自にかかわらず誰もが活躍できる可能性を持つ社会にするためには、出自にかかわらず質の高い教育を受けられる必要があるわけです。[*48] 恐らく、そういう世の中のほうが公平だということに納得してくれる人は多いと思うので、われわれはそういう社会を目指しましょうということを訴えたいですね。

よくデータ分析で、例えば、所得に対する教育の影響なんかを、回帰分析するじゃないですか。すると、確かに教育は所得に影響しているんだけど、それとは独立に親の職業や学歴といったものが大きく影響しているんですよね。

ヒオカ いろんな要因を探すけど、親の変数というのが効いてくるんですね。

山口 なので、教育が何においても強く影響するという感覚を、私たちははっきり持っていますけど、それと同じぐらい親というのも強く影響しているというのは驚くところがあります。

ヒオカ そこでいう「親」というのは、つまり生い立ちのことですよね。

山口 「育った環境」ですかね。だから、社会としては、生い立ちによるマイナスというのをできるだけ減らしていかないといけない。

ヒオカ 本当にそうなんです。そもそも生い立ちでいかに差があるのかという現状認識が違うから、生い立ちによる格差を是正していこうと言うと、「過度な平等」なんて言われてしまう。そもそも生まれで差があるというのが知られてなくて、努力次第でどうとでもなると思われているから、介入することが過剰に見えるんだと思います。

山口 「教育機会の均等」だったら比較的受け入れやすいんじゃないのかなという気はし

ますが。『教育格差―階層・地域・学歴』（松岡亮二著、ちくま新書、２０１９年）という本が出たときに話題になって、これはいろんなデータがあっていい本なんですが、一方で学者からすれば当然知っていた話でもあって、さまざまな教育格差があること自体が世間に知られてなかったというのが驚きでしたね。

ヒオカ　所得による格差があるのはもちろん、都市部と地方の格差も実はすごいんですよね。東京生まれ東京育ちの人と話すと、本当にびっくりするんです。

山口　みんな知らないですよね。

ヒオカ　「東京と地方でこういう格差があるよ」って言ったら、「そんなの昭和じゃないんだから」と言われて、いや、令和でもありますけど！　みたいな。

山口　今、都道府県別に高３の大学進学率とかを見ると、すごい差ですよ。東京だと7、8割になっちゃう。[*49]

ヒオカ　全体の進学率が5割と言っても、地域や所得別に見ると、また印象が全く違ってくるはずです。ずっと言ってますけど、人生のスタートがゼロベースで、よーいドンだと思っていると自己責任が通じるんですけど、その前提がなくなれば一気に虚構だと気づくはずなんですよ。すべては現状認識を正しくすることからだなと思っています。

山口　教育格差の話でも、先生方がそういう状況を習わずに教員になるというのを聞いて驚きました。そもそもそんな格差があることを知らないんですよね。

ヒオカ　生い立ちや環境など、選べないものによっていかに人生が制約を受けていて、不利、不平等、不条理があるかというのは知られていかないといけないなと思いましたね。遺伝と生育環境が半々と言っても、結局どっちも親じゃないですか。言ってしまえば親に起因するところがほとんどを占めていて、自分でどうにかできるように見える5割の部分でも、濃度で言うと結構親によって決まってくる部分が多いっちゃ多い。

山口　そうですね。自分で変えるというよりは、社会で変えていくという感じですね。

ヒオカ　そんな感じがします。今だと自分でどうにかできる部分が半分以上あるみたいな前提で話が進んでいるので、ダメだった結果の責任は自分が負うみたいなところになってるんですけど、たぶんその考え自体がちょっとズレている。社会でいかに補うか、歪みを均すかみたいな話がすごく大事だと思います。

あとがきにかえて

「貧乏なら子どもを産むな」「障害者は子どもを産むな」と言う人たちの気持ちが全く理解できないかと言われれば、嘘になる。やはりこの国において、貧困状態で生きることや、障害を持って生きること、障害のある家族と生きることは、とてつもない困難を伴い、想像を絶する苦しみを強いられることだから（もちろん、すべての人がそうとは限らないが）。

この「あとがきにかえて」を書いている2024年末、痰《たん》の吸引が必要な8歳の娘を自宅に放置し、死なせたとして母親が逮捕されたという報が届き、世間の大きな関心を集めた。事件の詳細はわからないが、断片的に伝わってくる情報によると、娘は生後数カ月で脳障害が見つかり、寝たきりの状態だったと言う。父親は同居しておらず、一人で3人の子どもを育てていたそうだ。生後まもなく障害が見つかったということは、8年近く介護を続けてきたのだろう。

この事件を受けて、ＳＮＳでは、同じように医療的ケア児を持つ親たちが自身の体験を語り始めた。数時間おきに体位を変えたり、痰を吸引したりする必要があり、まとまった睡眠が取れない。頼れる人がいない。日常生活がままならない。限界を通り越して公的機関に相談しても、自宅で親が介護する前提のため、できることはないと突き離される。そんな声を見るたび、なんとも胸が引き裂かれる思いだった。

一体、どうやって生きていけと？　そう言いたくなる社会だ。まるで、国から、社会から、「死ね」と言われているような気持ちになることだってあるだろう。そんな社会に障害を持って生まれるくらいなら、生まれないほうがいいのではないか。そういう意見が出てくるのも、無理もない。

それでも、貧困だったら、障害があったら、「子どもを産むな」と言うのは違うと私は思う。誰だって貧困に陥る可能性はあるし、後天的に障害者になる可能性はある。たとえ年収いくら以下の人が子どもを産んではいけないだとか、昔のように障害者は子どもを産んではいけないという旧優生保護法を復活させるようなことをしても、産んだ後に貧困に陥る親は出てくるし、障害を持った子どもはどの家庭にだって生まれる可能性はある。貧しい親のもとに生まれても、障害を持って生まれても、文字通り生きていける社会にしていかないといけない。

どれだけ貧しい家庭に生まれても、教育の機会が保証され、選択肢が奪われない社会に。障害を持って生まれても、家族が介護の負担を背負いすぎることなく、障害者が働く場が充実し、困窮しない賃金が保証される社会に。尊厳を持って生きられる社会に。そのためにどうしたらいいのか、建設的な議論を行っていかないといけない。

親の貧困、子に報い?

国会議員には、世襲議員がたくさんいる。それに対して、常に世間からは批判の声が上がるように思う。芸能人でも、2世は厳しい目で見られる傾向がある。親の知名度を利用しているだけで、実力が伴わなければ、親の七光りと揶揄される。親の名を借りず、実力で地位を築いて初めて、評価される。

このことを見ても、親の実績と子どもの立場は切り離されるべきという考えは、ある程度共通理解となっているように思う。

一方で、子どもの教育の問題となると、親の経済力が子どもの選択肢に反映されるのは仕方ない、という考えになるのはなぜなのだろう、といつも思う。先にも触れたが、貧困家庭の子どもがお金がないから野球部やサッカー部に入れないと言うと、親が稼いでないのだから仕方がないという声で溢れかえる。

生い立ちにおいてアドバンテージがある人は、安定した環境で育ち、塾や家庭教師、さまざまな習い事など、あらゆる投資をしてもらえて、人生を手堅く成功させていく。逆に、ハンディを持った人は、十分な教育や投資を受けられず、あらゆる選択肢が閉ざされ、機会が奪われ、さらなる負の連鎖に組みこまれていく。それでも仕方がない、と言うのだろうか。果たして、生まれで人生が決まるような社会でいいのだろうか。

体験格差についての報道がされると、いつも「貧乏なのに体験がしたいなんて贅沢だ」的なコメントがつくが、私は意見を求められたら「別に留学とか高級レストランという体験のことを言っているわけじゃないですよ？　学校の部活をしたいくらいのレベルの話をしているんです」みたいにコメントしていた。

でも、無意識に作動した炎上を避けるための予防線を外し、反発を受ける覚悟で本音を言うならば、貧困家庭の子が留学したいと言ったとして、それってそんなに罵詈雑言《ばりぞうごん》を浴びせられて非難されるようなことなんだろうか。親が貧乏だとして、子どもには一切の非はない。

もっと言えば、その親だって、かつて貧困家庭の子どもで、負の連鎖から抜け出せていないのかもしれない。それなのに、なぜ子どもは親の事情を受け入れて、身の程をわきまえた選択をしなければならないのだろう。身の程知らずの夢を見ることは、不道徳なことなのだろうか。子どもがする体験なんて、全部未来のため。無駄なものなんてない。実家が太い子は、早い子は中学生くらいから留学に行って、世界が広がって、語学を身に着けて。当然視座も変わるだろうし、思い描く将来も変わるだろう。

みんな、そんなに親次第で子どもの人生が制限されることを肯定したいのか？　親ガチャという言葉が流行ったわりに、矛盾していないだろうか？　親ガチャをなくしたいなら、どんな家庭に生まれても、塾に行けて、習い事ができて、いろんな学校を受験することができて、留学したいならできる。そういう社会にすればいいと思うんだけど、違うのかな？　それって、そんなに絵空事なんだろうか。どんな性別や家庭に生まれても、たとえ障害を持って生まれたとしても、他の人と対等に渡り合える。努力したらある程度人生を好転させられる。そんな社会のほうが豊かではないか、と思うのだ。

こんなことを言うと、「そんな金どこにあるんだ！」「社会が回らなくなる！」みたいな声が聞こえてきそうだが、全員にすごくお金がかかる習い事をさせて、塾に行かせて、家庭教師をつけて私立受験させて、留学もさせるというフルコースにするか、それとも一切何もさせないか、みたいな100・0（ヒャクゼロ）の話ではなく、塾代や部活代の補助を出すとか、少しずつの努力で、変えていけるところがあると思う。どんな家庭に生まれても可能性が開かれている社会のほうが、みんなが生きやすいし、安心して子どもを産めるし、社会全体が発展すると思うのだが、それをズルいだとか、親の行いの報いは子どもが引き受けるべきだみたいな考えで潰してしまうのは、おかしいと思う。

そりゃあ自分が稼いだ分、子どもの将来に投資したいと思う、何不自由なく生きていけるようにしたいと思うのが親心だと思う。親の経済力によって子どもがさまざまな投資を受けられること自体が悪いのではなく、親が貧困の場合、子どもの教育の機会や選択肢が制限されてしまうことをなくすべきだと思うのだ。

私は常々、貧困層から芸術家が生まれて欲しいと思っている。今の社会では、スポーツや音楽、文化芸術を仕事にして大成するのは、実家が太い人が多いのだ（もちろん、貧しい家庭で育っても大成した人はいる）。芸術は、ある程度経済的余裕がないとできない。子どもの頃から投資してもらえる環境がないと、そもそも志すこと自体が難しい。選択肢がまず見えてこないのだ。アスリートや音楽家の背景を知ると、親族にプロがいて、幼い頃からさまざまな投資を受けていた、というパターンが本当に多い。でも、お金がないと挑戦できないという現実に疑問を持つ人は少ない気がする。そんな社会、つまらないなぁ、と思う。あぁつまらない、本当にくだらない。

社会のアンダーグラウンドをその目で見てきたこと、社会の端に捨て置かれ、見捨てられたような感覚、強烈な孤独や焦燥感、絶望。それらを知っている人だから生み出せるものがあるのではないか、と思うのだ（経済的に豊かでも、違った地獄ももちろんあるが）。明日の生活を心配するような余裕のない環境では夢見ることも難しく、何かを志したところで、貧乏人が何かを夢見れば心がへし折れるくらいバッシングを受けるような世の中だけど、どんな生い立ちでも、生きたいように生きられる社会を見てみたい。

分断を溶かすために

社会での自分の位置を自覚すること、意外とこれが難しい。私は極貧家庭で育ったが、なぜか自分が貧困家庭だという自覚はなかった。もちろん、周囲との違いは嫌というほど感じていた。しかし、子どもがいる世帯の年収の平均がいくらかなんて知らなかったし、私がそれまで見ていたのは小さな村の中の景色だけで、社会全体での自分の置かれた位置など、想像が及びもしなかったのだ。

SNSで以前より、遥かに様々なものが可視化されるようになった。嫌でも他人の生活が見えて、比較せざるを得ない世の中だろう。しかし、情報が溢れ、個々の生活が見えるようになったところで、統計という客観的な数値は意識しなければ認識することはない。そもそもSNS自体、利用している層に偏りがあり、「エコーチェンバー」という言葉があるように、さらにその中からある程度近しい層が表示されるようになっている。

『花束みたいな恋をした』という映画がある。大学生の山音麦《やまねむぎ》（菅田将暉《すだまさき》）と八谷絹《はちやきぬ》（有村《ありむら》架純《かすみ》）が、サブカルという共通の趣味を通して心の距離が縮まって交際に発展し、別れるまでを描く作品だが、二人が別れた原因の考察や論評がＳＮＳで大きな盛り上がりを見せた。

その中でも大きな支持を集めたのが、二人のすれ違いは、「実家格差」「経済格差」が原因だとするものだ。地方から上京してきた麦の親は花火職人で、一方の絹は東京に実家があり、親は広告代理店に勤めている。これを指して、麦は余裕のない実家であり、絹は恵まれた実家だ、二人の間には大きな格差があると言うのだ。

私はこの考察を聞いた時、心底驚いた。なぜなら、麦も絹も、二人ともとても実家が太く見えたからだ。麦は社会人になってからも（しばらくは就職せずフリーターをしていた）、実家から月５万円も仕送りをもらっていた。大学生ならまだわかるが、社会人になって実家から援助してもらえる人がこの世の中にどれほどいるだろう。途中で仕送りは打ち切られるが、決して経済的な理由からではなく、実家の花火職人を継がないなら、地元の花火存続のための寄付に回したいという麦の父親の意向によるものだ。そんな実家のどこが〝余裕がない〟と言うのだろう。

地方出身者と東京出身者の間に大きな格差があることは間違いない。しかし、私から見れば、二人はどちらもお金に困ったことがなく、定職に就いた親を持ち、時に援助も受けられる。社会の「上澄み」に他ならない。

世間の考察と自分の視点の大きな溝を突きつけられ、気づいたことがある。人は、貧困層と富裕層など、階層が違うもの同士のみを比較して格差を見出《みいだ》すのではない。麦と絹のような中間層同士でも比較し、そこに格差を見出すのだ。むしろ、中間層同士の比較のほうが熾烈《しれつ》で生々しいかもしれない。私は貧困層の視点に立ち、二人を見上げ、どちらも豊かではないか、と思ったが、他の人たちはきっと中間層の視点に立ち、二人の間にも大きな格差がある、と見たのではないか。

とても恵まれているように見える麦もまた、中間層やそれ以上の人から見れば、「余裕がない」身分に分類されることもあるのだ。

社会に出ると、自分の社会での位置を客観的に自覚している人は本当に少ないと感じる。都内の一等地で育ち、幼い頃からたくさんの習い事をさせてもらっていても、「たいして裕福じゃない家庭の育ちで」と言ったり、幼少期からたくさんの習い事に励み、留学を経験したことを「自分の努力だ」と言ったり、親に起業資金を借りたことを苦労話のように語ったり、都内の一等地に3LDKのマンションを所有していても、「余裕がない暮らし」と言ったりする。そういった人たちに出会うたび、いったい何を言っているんだ？　と不思議でならなかった。先ほど触れたように、その人たちは社会全体で比較して「自分は裕福ではない」と言っているのではない。都内の一等地に住むような人たちが集まるコミュニティの中で比較し、その中で自分は特別恵まれているわけでも、裕福なわけでもない、と言っているにすぎないのである。

私は、自分の恵まれている点、特権性を自覚することが、よりよい社会を作っていくために必要だと思っている。自分の立場を客観的に把握・認識・自覚できないことのどこに問題があるのだろうか。

自分の恵まれている点。つまり、自分が努力する以前に手にしているアドバンテージを自覚できなければ、人は自分が今いる立場や持っているものは、自分の「努力」によって築き上げ手に入れたものだと思うようになる。そして、それを持っていない人を「努力不足だ」と切り捨てるのだ。

例えば、都内の共働き家庭で育った人が有名大学に進学したとする。もちろん本人の努力もあるだろうが、東京出身であること、両親が安定した仕事に就いていたこと、塾に通わせてもらっていたこと、本人が健康であったことなど、さまざまな要因が重なった結果かもしれない。しかし人は大抵その客観的事実を見ずに、自分が努力をして学歴を得たのだ、と思うものなのだ。

さらに、恵まれた人だけでなく、地方の貧困家庭から大学に進学したというような、〝逆境を乗り越えた人〟もこういった認識に陥る罠がある。貧困など苦しい状況から抜け出した人ほど、今なお貧困に喘ぐ人に厳しい目を向けたりするものだ。自分が乗り越えられたのだから、あなたも乗り越えられるはずだと言うのだ。その思考に陥るのは、自分が得た結果が、自らの努力によるものだと思っているからではないだろうか。

実際は、地頭に恵まれていた、親が進学に反対しなかった、大学進学を選択肢として捉えられる環境にあったなど、自分の努力以外の要因があったはずだ。それは運に他ならず、努力すれば、似た境遇にある他人もその結果を再現できるということにはならないだろう。

誰だって、人には恵まれている点がある。それを指摘されると、どうしたって自分の努力を否定されたように感じてしまうものだ。しかし、その人が努力してきたこと自体を否定するわけではない。努力したからこそ、その結果を出せたのは事実だとしても、他のさまざまな自分の努力や選択以外の複合的な要素も働いていた結果であるという事実を、客観視する必要がある。

人は、持っているものよりも、持っていないものに目を向けやすい。下を見て自分はその人より持っていると思うのではなく、上を見て、自分はあの人より持っていない、と思ってしまう生き物なのだ。しかし、今一度、振り返ってみてほしい。自分が手にしているものは、自分が努力によって得たものなのか。社会全体を見て、自分はどの位置にいるのか。自分の優位性、特権性とは何なのか。自分の持っているものに目を向けることは、それを持っていない人の存在に思いを馳《は》せることなのだと私は思う。それがきっと、社会の分断を溶かす一歩なのだと思う。

「データを見れば自己責任論はなくなる」という言葉が出てきたように、数字と触れることで、人は社会の構造やそこにある格差や差別、不条理に敏感になるのではないかと思っている。

数字は印象論でも感情論でもない、現実を映し出す。この社会は私たちが思うより圧倒的に格差が満ち満ちていて、どうしようもない不条理が溢れていることを突きつける。

人生の結果は生い立ちか努力か

人生の結果を決定づけるのは、生い立ちか、努力か——。これは、多くの人を触発し、心を掴んでやまない関心事で、永遠の問いなのではなかろうか。

細かく言うと、

遺伝か、環境か。

才能か、努力か。

実家の太さか、努力か。

などなど、いろいろあるだろう。しかし、整理すると、人生は遺伝的要因（才能）や生い立ち（実家の太さや生育環境等）といった本人が生まれ落ちた時点で決定づけられている（または半ば運命づけられている）動かせない要素なのか、それとも、後天的な本人による努力、どちらによって決まるのか、ということだろう（※これ以降、本人が生まれ落ちた時点で決定づけられていて動かせない要素を便宜上「生い立ち」とする）。

世間一般では、（生い立ち：努力）の比率は、よくて5：5、でも実際大抵の場合は2：8くらいに見積もられている気がする。

もちろん生い立ちで決まる部分はあれど、努力で変えられる部分も大きい、とする見方が強いのではないか。「親ガチャ」という言葉が若者を中心に流行ったが、「親や環境のせいにするな」「努力次第で人生は切り開ける」という反発も多く聞かれた。

でも私は逆で、今の社会では（生い立ち：努力）は8：2くらいだと思っている。

私たちはこの世に生まれ落ちた瞬間から、いやその前から、性別・容姿・基礎学力・身体能力・体力・健康状態・生まれる国や住むエリア・親の年収や職業など、自分ではいかんともしがたい要素を運命づけられている。その自分では選べない、与えられた手札でこの社会を生き抜いていかなければならないのだ。

この本を通して、「努力する前に決まる要素がいかに大きいか」ということを、改めて考えていただくきっかけになったのではないかと思う。自分の意思によって選び取っていると思うものでも、実際は環境や生い立ちの影響を大きく受けているのだ。

生い立ちによる格差を是正する支援が乏しい現状では、どう考えても、強者の子どもは強者に、弱者の子は弱者に、という「出来レース」の色合いが濃い。

しかし、初めから何もかもが決まってしまっていたらつまらないし、生まれた時点で将来が見通せるような人生では生きる希望だって見出せない。そこで、きっと人は、後天的な努力によって、「人生はいかようにも変えられる」という希望を見出したかったのだろう。その筋書きをメディアも大いに喧伝《けんでん》してきたに違いない。

後天的努力によって、人生は変えられる。それは希望をもたらすものだったが、同時にそれは努力信奉を生み出し、「自己責任論」を増長させる要因にもなっているのではないか。

努力は確かに尊い。しかし、個人の努力に、果たして人生を逆転させるだけの力があるのだろうか。私は常々、世間では「努力」の力があまりに過大評価されていると感じている。個人の裁量を見誤っているのだ。

どれだけハンディを持っていても、後天的な努力で人生が逆転ができるなら、たとえ貧困家庭に生まれても、病気や障害を持って生まれても、才能に恵まれずに生まれても、結果が出せないのは、そこから這い上がれないのは、本人の「努力不足だ」というジャッジに帰結してしまわないだろうか。

これはあくまで個人的な考えだが、努力は、個人の潜在能力を最大限引き出す力こそあれ、最大値そのものを押し上げる力はないと思っている。例えば、高校球児がみんな自身の持てる最大の努力をしたところで、全員が大谷翔平になれるわけじゃない。ネズミが努力してゾウになれるわけじゃない。なれるのはマッチョなネズミなのだ。

努力信奉、自己責任論大好きの人たちが間違っていると思うのは、個人の努力に再現性があると思っているところだと思う。例えば、もともとの能力の最大値が1000のAさんが、スタート値300から、700の努力をして1000になったとする。そしてBさんにこう言うのだ。700努力すれば、お前も1000になれる。しかしBさんは元々の能力の最大値が500で、スタート値が300。Aさんと全く同じような努力をしても、1000になることはない。それを見てAさんはBさんに言うのだ、自分は努力して1000になれた、お前がなれないのは努力が足りないからだ、甘えだ、と。

ちょっと抽象的な話をしてしまったから、わかりやすいように勉強にたとえてみると、正直、生まれながらに、人が18歳までに最大限努力して到達する偏差値はある程度決まっているとと思うのだ。

東大卒のアイドルが、Xで「勉強なんてこの世界で唯一努力が報われる分野なのに環境のせいにして努力しない人間が本当に嫌い」と発言したことが大きな話題となった。正直これを初めて聞いた時、「大谷翔平が野球なんてこの世界で唯一努力が報われる分野なのに環境のせいにして努力しない人間が本当に嫌いって言うようなものだな」と思った（大谷翔平はそんなこと絶対に言わないと思うけど）。彼女が努力したのは間違いない。でも、それは彼女がもともと最大限努力すれば東大に合格できるだけのポテンシャルを持っていたということなのだと思う。他の人が彼女と全く同じ量の課題をこなし、同じ時間を勉強に割いたとしても、東大に合格できるわけではない。さらに言えば、そもそも努力をするためにも、ある程度環境が整っている必要がある。

繰り返しになるが、努力は、個人のポテンシャルそのものを変えてしまう力があるのではなくて、あくまでその人の能力を最大化するという限定的な効果しかないのだと思う。

もし、個人のポテンシャル自体を変えることができるのだとしたら、それは社会が変わったときだと思う。個人の手札を変えることができないなら、ゲームのルール自体を変えるしかない。教育の制度を変える、障害者雇用の制度を変える、福祉制度を充実させる。ネズミとゾウが対等に渡り合えるように、社会そのもののデザインを変えるしかない。

人生の結果がすべて個人の努力の帰結であるとする自己責任論が成り立つのは、スタートラインがみな横並びで、背負っているものも、能力の最大値も同じであるといった前提の場合だ。でも、実際はスタートラインはひとによって全員違うし、背負っているものも、能力の最大値だって違う。「貧困でも努力して抜け出せた」「馬鹿でも、勉強して有名大学に合格できた」だから同じような境遇の人も努力すればそうなれるはずだ、と言う人がいるけれど、同じ状況の人なんて誰一人いないのだ。貧困とひと言で言っても、ある人は障害のあるきょうだいがいて、ある人は親の借金を肩代わりしていて、ある人は持病があって、ある人は酷《ひど》い虐待にあっていて……。そういった条件の掛け合わせで、その状況から抜け出すための難易度はいかようにも変わる。

この本で書いてきたように、私たちが想像するよりはるかに、人生は自分の努力や選択の範疇〝外〟で決まる。遺伝、生育環境といった生い立ちで、8割が決まると言っていい。いまだに世間では、有名人の箸の持ち方や食べ方などが格好の非難の的となり、生まれの

〝卑しさ〟を馬鹿にする風潮は根強く、逆に名家や良家と言われる身分の人たちを持ち上げ、育ちの良さを持て囃《はや》す文化は根強い。でも、育ちの良さも卑しさも、本人の手柄でも責任でもないはずなのに。

よく考えてみて欲しい。容姿、自頭、性格、気質、健康状態、習慣、体力……自分で取捨選択したものがどれだけあるだろう。物心ついたときには、もう決まっていた部分が多い。良識や常識的感覚というものですら、身を置いてきた環境によって形成されたものかもしれない。

でも、自分が動かせる部分は2割しかない、という後ろ向きなメッセージを伝えたいわけではない。個人の努力ですべてが解決できるという前提に立つ社会は、自助を原則とした社会だ。政治の責任よりも、個人の努力が強調され、苦しい立場に立たされる人は、みな「自分のせい」「個人の努力の帰結」と切り捨てられる。一方、個人の努力や選択ではどうにもできないことのほうが多いという前提に立てば、公助の必要性や責任が大きくなる。生まれによる凸凹を均すことが政治の大きな役割になる。どんな親のもとに生まれても、機会や選択肢が奪われないように、公が介入する必要が出てくる。福祉や教育など、公の支援や体制作りが必要で、その責任は明確に政治にある。

何もしなければ生い立ちで８割決まってしまうのだから、政治によって、社会を変えることによって、それを７割、６割、５割にしていこう、と言いたい。私はそっちのほうがみなが生きやすい社会になる気がするのだ。

註

第一部

＊1　「世帯年収による差が2・6倍、学力格差にもつながる「子どもの体験格差」とは　支援を「ぜいたく」だと感じる人に足りないもの」東洋経済 education × ICT　2023年5月28日。https://toyokeizai.net/articles/-/674432?twclid=2-36238kidbmq5nhx1kh1dxp3lk

＊2　「親の学歴・所得の差が『子どもの体験格差』に…成長への深刻な影響とは」DIAMOND online　2023年4月23日。https://diamond.jp/articles/-/320232

＊3　「生活保護、障害者ら車利用を拡大　通院限定見直し、買い物可能に」ヤフーニュース、2024年12月25日。https://news.yahoo.co.jp/articles/ac2e8662ced1671cf3f6cd0979de5df6b6bbc930

＊4　「『生活保護問答集について』の一部改正について」厚生労働省社会・援護局、2024年12月25日。https://www.mhlw.go.jp/hourei/doc/tsuchi/T241227Q0110.pdf

＊5　「貧困問題を『子ども』の視点で訴えた意味　背景に自己責任論」朝日新聞デジタル、2023年7月26日。https://www.asahi.com/articles/ASR7M52N8R7LUPQJ005.html?iref=pc_ss_date_article

＊6　「ウクライナ避難民受け入れをきっかけに『人道の国』へ」、「毎日新聞」政治プレミア、2022年5月16日。https://mainichi.jp/premier/politics/articles/20220513/pol/00m/010/008000c

＊7　「日本の難民認定はなぜ少ないか？―制度面の課題から」難民支援協会ホームページ、2017年6月9日掲載、2022年2月10日最終更新。https://www.refugee.or.jp/refugee/japan_recog/

＊8 「若者100人と衆院選挙の夜に考える『格差を解決する方法』【選挙ステーション2021】【これで未来は大丈夫?】」ANNnewsCH 2021年11月1日。https://www.youtube.com/watch?v=7MfvAnmLElo

＊9 「2021年度（第71回）学生生活実態調査結果報告書」東京大学学生委員会・学生生活調査WG、https://www.u-tokyo.ac.jp/content/400208670.pdf

＊10 「令和3年度学校基本調査（確定値）の公表について」文部科学省、2021年12月22日。https://www.mext.go.jp/content/20211222-mxt_chousa01-000019664-1.pdf

＊11 「令和2年度　学生生活調査結果」独立行政法人日本学生支援機構、2022年3月。https://www.jasso.go.jp/statistics/gakusei_chosa/_icsFiles/afieldfile/2022/03/16/data20_all.pdf

＊12 「奨学金や教育負担に関するアンケート報告書」中央労福協、2022年9月実施。https://www.rofuku.net/document/2022_scholarship_survey_full.pdf

＊13 「奨学金の負債が若者の家族形成に与える影響―『JHPS第二世代付帯調査』に基づく研究」慶應義塾大学、2024年2月16日。https://www.keio.ac.jp/ja/press-releases/files/2024/2/16/240216-1.pdf

＊14 「児童養護施設や里親家庭の子どもたちの進学支援―親を頼れないすべての子どもが笑顔で暮らせる社会へ」Bridge for Smile ホームページ、2022年8月17日。https://www.b4s.jp/post-4953/

＊15 「大学生の生活保護『慎重な検討を』　認めない方針継続　厚労省審議会」朝日新聞デジタル、2022年12月20日。https://www.asahi.com/articles/ASQDN5HWKQDNUTFL00V.html

＊16 「奨学金帳消しプロジェクト」no+e https://note.com/shougakukin/

＊17 「奨学金『帳消し』は〝救済〟か〝不平等〟か？学生の貧困対策、最適解は？」ABEMA prime ２０２３年９月２日。https://times.abema.tv/articles/-/10093766?page=1

＊18 「『経済的な理由で進路変更』が約６割、貧困家庭支援の民間団体が高校生らを調査」TBS NEWS DIG ２０２３年６月２日。https://newsdig.tbs.co.jp/articles/-/522127?display=1

＊19 「平成30年度障害者雇用実態調査結果」厚生労働省職業安定局障害者雇用対策課地域就労支援室、２０１８年６月。https://www.mhlw.go.jp/content/11601000/000521376.pdf

＊20 「障害基礎年金の受給要件・請求時期・年金額」日本年金機構ホームページ、２０２４年４月１日更新。https://www.nenkin.go.jp/service/jukyu/shougainenkin/jukyu-yoken/20150514.html#cms03

＊21 「女子大生はなぜ乳児を殺めたか」文藝春秋、２０２２年１月13日。https://bunshun.jp/bungeishunju/articles/h3191

＊22 「困難を見落とされがちな『境界知能』の子、『就職が難しい』『だまされる』事例も　育まれにくい『自己肯定感』、早期から支援を」東洋経済 education × ICT ２０２３年６月９日。https://toyokeizai.net/articles/-/676413

＊23 この節は、「振袖を『着ない』と『着られない』は違う。『風呂なし物件』は嗜好ではない。貧困で選択肢が限られることに社会は鈍感だ」、「ヒオカの『貧しても鈍さない　貧しても利する』貧困と嗜好の問題、混ぜるな危険」（初出「婦人公論.JP」２０２３年２月３日。https://fujinkoron.jp/articles/-/7654?page=2）から加筆。

＊24　「保護者に対する調査の結果と学力等との関係の専門的な分析に関する調査研究」国立大学法人お茶の水女子大学、２０１８年３月30日。https://www.mext.go.jp/component/a_menu/education/micro_detail/__icsFiles/afieldfile/2018/07/10/1406896_1.pdf

＊25　「標準報酬月額・標準賞与額とは？」全国健康保険協会ホームページ。https://www.kyoukaikenpo.or.jp/g3/cat320/sb3160/sbb3165/1962-231/

＊26　「雇用創出を通じて、虐待が起きない社会へ　ＲＡＳＨＩＳＡの挑戦」さくマガ、２０２３年５月15日。https://sakumaga.sakura.ad.jp/entry/rashisa

＊27　「高額療養費制度を利用される皆さまへ（平成30年８月診療分から）」厚生労働省保険局。https://www.mhlw.go.jp/content/000333280.pdf

＊28　「高額療養費制度を利用される皆さまへ」厚生労働省ホームページ。https://www.mhlw.go.jp/stf/seisakunitsuite/bunya/kenkou_iryou/iryouhoken/juuyou/kougakuiryou/index.html

第二部

＊１　OECD (2020), Early Learning and Child Well-being: A Study of Five-year-Olds in England, Estonia, and the United States, OECD Publishing, Paris, https://doi.org/10.1787/3990407f-en.

＊２　『「家族の幸せ」の経済学』１８０頁。

＊３　『子育て支援の経済学』日本評論社、２０２１年1月、１０６頁。

＊４　James J. Heckman, Skill Formation and the Economics of Investing in Disadvantaged Children.

*Science*312,1900-1902(2006).DOI:10.1126/science.1128898
＊5　Michihito Ando, Hiroaki Mori, Shintaro Yamaguchi. Universal Early Childhood Education and Adolescent Risky Behavior. *IZA Discussion Paper* No. 15531 (2022).
＊6　Shintaro Yamaguchi, Yukiko Asai, Ryo Kambayashi. Effects of subsidized childcare on mothers' labor supply under a rationing mechanism. *Labour Economics* 55, 1-17(2018).
＊7　「『少子化対策はすでに敗北』…今、本当にすべきことは〝正規・非正規の社会保障格差〟なくしと〝高等教育の無償化〟」ＦＮＮプライムオンライン、２０２３年６月18日。https://www.fnn.jp/articles/-/543045
＊8　『「家族の幸せ」の経済学』２０６頁。
＊9　Sakurako Okuzono, Takeo Fujiwara, Tsuguhiko Kato, Ichiro Kawachi. Spanking and subsequent behavioral problems in toddlers: A propensity score-matched, prospective study in Japan. *Child Abuse Negl69*, 62-71(2017).
＊10　Shintaro Yamaguchi, Yukiko Asai, Ryo Kambayashi. How does early childcare enrollment affect children, parents, and their interactions?. *Labour Economics* 55, 56-71(2018).
＊11　「〈独自〉こども誰でも通園制度、８年度実施」、産経ニュース、２０２３年５月30日。https://www.sankei.com/article/20230530-IOOJWAUGQRKG3PHPLIJY7G7LHI/
＊12　「学びと育ち研究所報告会講演録　尼崎市学びと育ち研究所研究紀要」第４号（令和３年度）、尼崎市学びと育ち研究所、２０２２年３月。https://www.city.amagasaki.hyogo.jp/_res/projects/default_

project/_page_/001/025/976/1.pdf

＊13 David J. Deming. The Growing Importance of Social Skills in the Labor Market. *The Quarterly Journal of Economics* 132.4, 1593-1640(2017).

＊14 Mikael Lindahl, et al. Parental Influences on Health and Longevity: Lessons from a Large Sample of Adoptees. National Bureau of Economic Research, NBER Working Papers21946(2016).

＊15 Sandra E. Black, et al. Poor Little Rich Kids? The Role of Nature Versus Nurture in Wealth and Other Economic Outcomes and Behaviours. *The Review of Economic Studies* 87.4, 1683-1725(2020).

＊16 Eric P. Bettinger, et al. The Role of Application Assistance and Information in College Decisions: Results from the H&R Block Fafsa Experiment. *The Quarterly Journal of Economics* 127.3, 1205-1242 (2012).

＊17 David Cesarini, Magnus Johannesson, Sven Oskarsson. Pre-Birth Factors, Post-Birth Factors, and Voting: Evidence from Swedish Adoption Data. *American Political Science Review* 108.1, 71-87(2014).

＊18 Matthew J. Lindquist, Joeri Sol, Mirjam Van Praag. Why Do Entrepreneurial Parents Have Entrepreneurial Children?. *Journal of Labor Economics* 33.2, 269-296(2015).

＊19 Randi Hjalmarsson, Matthew J. Lindquist. The origins of intergenerational associations in crime: Lessons from Swedish adoption data. *Labour Economics* 20, 68-81(2013).

＊20 Almond Douglas, Janet Currie. Killing Me Softly :The Fetal Origins Hypothesis. *Journal of Economic Perspectives, American Economic Association* 25.3, 153-172(2011).

＊21　Hilary Hoynes, Diane Whitmore Schanzenbach, Douglas Almond. Long-Run Impacts of Childhood Access to the Safety Net. *American Economic Review* 106.4, 903-934 (2016).

＊22　Sule Alan, Seda Ertac. Fostering Patience in the Classroom: Results from Randomized Educational Intervention. *Journal of Political Economy* 126.5, 1865-1911 (2018).

＊23　戸田淳仁・鶴光太郎・久米功一「幼少期の家庭環境、非認知能力が学歴、雇用形態、賃金に与える影響」独立行政法人経済産業研究所、RIETI Discussion Paper Series ２０１４年３月。https://www.rieti.go.jp/jp/publications/dp/14j019.pdf

＊24　「就学援助制度について（就学援助ポータルサイト）」文部科学省ホームページ。https://www.mext.go.jp/a_menu/shotou/career/05010502/017.htm

＊25　「多子世帯『大学無償化』へ　25年度から、所得制限なし」静岡新聞DIGITAL web ２０２３年12月７日。https://news.at-s.com/article/1370909

＊26　Alex Bell, et al. Who Becomes an Inventor in America? The Importance of Exposure to Innovation. *The Quarterly Journal of Economics* 134.2, 647-713 (2019).

＊27　「失われたアインシュタインたち―イノベーションとの接触は、発明者の育成にどう影響するか」独立行政法人経済産業研究所ホームページ、２０１８年２月21日（原文掲載：同年１月23日）。https://www.rieti.go.jp/jp/special/p_a_w/097.html

＊28　「ゆな先生」https://x.com/JapanTank

＊29　篠原修司「メンタリストDaiGo『ホームレスの命はどうでもいい』と差別発言。炎上後も『辛口だ

から』と言い訳」ヤフーニュース、２０２１年8月13日。https://news.yahoo.co.jp/expert/articles/46829b323eaf472cbc6d9dab984e2697ace8b8df

＊30 「生活保護費の減額決定取り消し認めず　原告側、大阪高裁で逆転敗訴」、「毎日新聞」２０２３年4月14日。https://mainichi.jp/articles/20230413/k00/00m/040/197000c

＊31 Jee-Yeon K. Lehmann, Ana Nuevo-Chiquero, Marian Vidal-Fernandez. The Early Origins of Birth Order Differences in Children's Outcomes and Parental Behavior. *Journal of Human Resources* 53.1, 123-156(2018).

＊32 Melissa Geelmuyden Andersen. Barnfrihet: Hvorfor ønsker noen ikke å ha barn?. *Norsk sosiologisk tidsskrift* 2, 1-14(2022).

＊33 「少子化放置で衰退に向かう日本、岸田政権の『異次元』に期待と不安」Bloomberg ２０２３年３月28日。https://www.bloomberg.co.jp/news/articles/2023-03-28/RQXO5VT1UM0Y01

＊34 「民主党が一昨年の総選挙においてマニフェストの中核に据え、政権を担当した後も看板政策として掲げてきた『子ども手当』の撤回は、家庭を基礎とする我が国の自助自立の精神に真っ向から反した『子どもは社会で育てる』との民主党政策の誤りを国民に広く示すこととなり、大きな成果であったと考えます」自民党ホームページ「子ども手当」廃止の合意について、２０１１年8月４日。https://www.jimin.jp/news/policy/130217.html

＊35 Pew Research Center（2007), https://www.pewresearch.org/global/2007/10/04/chapter-1-views-of-global-change/

＊36 『〈叱る依存〉がとまらない』「叩かれる人は『罰を受けるべき人』『叩かれてもしかたのない人』だという、叩く側の共通認識があるようです。誰かがそのように認定されることで、多くの人の処罰欲求が刺激されるのでしょう」151頁。

＊37 Sagiri Kitao, Tomoaki Yamada. Dimensions of Inequality in Japan: Distributions of Earnings, income and wealth between 1984 and 2014. *CAMA Working Papers*, 2019-2036(2019).

＊38 「世界の超富裕層1%、資産の37%独占　コロナで格差拡大」、「日本経済新聞」2021年12月27日。https://www.nikkei.com/article/DGXZQOCB272Q20X21C21A2000000/

＊39 Daron Acemoglu, Pascual Restrepo. Tasks, automation, and the rise in u.s. wage inequality. *Econometrica* 90.5, 1973-2016(2022).

＊40 David Autor, David Dorn, Gordon Hanson, Kaveh Majlesi. Importing Political Polarization? The Electoral Consequences of Rising Trade Exposure. *American Economic Review* 110.10, 3139-83(2020).

＊41 Emmanuel Saez, Gabriel Zucman. The Rise of Income and Wealth Inequality in America: Evidence from Distributional Macroeconomic Accounts. *Journal of Economic Perspectives* 34.4, 3-26(2020).

＊42 John Guyton, et al. Tax Evasion at the Top of the Income Distribution: Theory and Evidence. NBER *Working Paper w28542*(2021).

＊43 OECD (2024), Trust in government (indicator). DOI: 10.1787/1de9675e-en (Accessed on 10 January 2024)

*44 「最も負担に感じている税金はなに?」 ＡＲＩＮＡ株式会社 mellow－メロウ－、２０２３年2月。https://arinna.co.jp/mellows/cosmetics-91/

*45 島一則「大学ランク・学部別の大学教育投資収益率についての実証的研究—大学教育投資の失敗の可能性に着目して—」、「名古屋高等教育研究」第21号、２０２１年3月、１６７〜１８３頁。

*46 「給付奨学金（返済不要）」独立行政法人日本学生支援機構ホームページ。https://www.jasso.go.jp/shogakukin/about/kyufu/index.html

*47 Kaveh Majlesi, et al. Poor Little Rich Kids? The Role of Nature versus Nurture in Wealth and Other Economic Outcomes and Behaviors. *The Review of Economic Studies* 87.4, 1683-1725(2020).

*48 Orsetta Causa, Åsa Johansson. Intergenerational Social Mobility in OECD Countries, OECD *Journal: Economic Studies* Vol.2010(2010).

*49 「令和４年度学校基本調査」文部科学省ホームページ。

ＵＲＬの最終閲覧日：２０２５年1月20日

ヒオカ

ライター。一九九五年生まれ。社会問題からエンタメまで様々なテーマで取材・執筆。著書に『死にそうだけど生きてます』（CCCメディアハウス）、『死ねない理由』（中央公論新社）がある。中川家、ちゃんみな、HANA、羽生結弦、平手友梨奈、東京ゲゲゲイが大好き。

X：@kusuboku35

Instagram：@hioka35

人生《じんせい》は生《お》い立《た》ちが8割《わり》 見《み》えない貧困《ひんこん》は連鎖《れんさ》する

集英社新書一二五一B

二〇二五年二月二二日 第一刷発行

著者……ヒオカ

発行者……樋口尚也

発行所……株式会社集英社

東京都千代田区一ツ橋二-五-一〇 郵便番号一〇一-八〇五〇

電話 〇三-三二三〇-六三九一（編集部）

〇三-三二三〇-六〇八〇（読者係）

〇三-三二三〇-六三九三（販売部）書店専用

装幀……原 研哉

印刷所……大日本印刷株式会社 TOPPAN株式会社

製本所……加藤製本株式会社

定価はカバーに表示してあります。

ISBN 978-4-08-721351-5 C0236

Printed in Japan

a pilot of wisdom

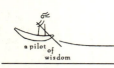

遊びと利他
北村匡平　1239-B
公園にも広がる効率化・管理化の流れに、どう抗えばよいのか？「利他」と「場所づくり」をヒントに考察。

ユーミンの歌声はなぜ心を揺さぶるのか　語り継ぎたい最高の歌い手たち
武部聡志　取材・構成／門間雄介　1240-H
日本で一番多くの歌い手と共演した著者が、吉田拓郎や松田聖子といった優れた歌い手の魅力の本質に迫る。

プーチンに勝った主婦　マリーナ・リトビネンコの闘いの記録
小倉孝保　1241-N〈ノンフィクション〉
プーチンが夫を殺したのか？真相を追い求める妻に英国やロシアが立ちはだかる。構想十二年の大作。

ヘーゲル(再)入門
川瀬和也　1242-C
主著『精神現象学』や『大論理学』を解読しつつ、「流動性」をキーワードに新たなヘーゲル像を提示する。

東京裏返し　都心・再開発編
吉見俊哉　1243-B
再開発が進む東京都心南部。その裏側を掘り起こす、七日間の社会学的街歩きガイド。

わたしの神聖なる女友だち
四方田犬彦　1244-B
昭和の大女優、世界的な革命家、学者、作家、漫画家など、各領域で先駆者として生きた女性の貴重な記録。

恋する仏教　アジア諸国の文学を育てた教え
石井公成　1245-C
仏教の経典や僧侶たちの説法には、恋愛話や言葉遊びがいたるところに。仏教の本当の姿が明らかになる。

捨てる生き方
小野龍光／香山リカ　1246-C
仏門に入った元IT長者と、へき地医療の道を選んだ精神科医が語る、納得して生きるための思索的問答。

アメリカの未解決問題
竹田ダニエル／三牧聖子　1247-A
米大統領選と並走しつつ、大手メディアの矛盾や民主主義への危機感、そして日米関係の未来を議論する。

はじめての日本国債
服部孝洋　1248-A
「国の借金」の仕組みがわかれば、日本経済の動向がわかる。市場操作、為替、保険など、国債から考える。